丛书编委会

大家精要
典藏版丛书

简读

葛兰西

张羽佳 著

陕西师范大学出版总社　西安

图书代号　　SK24N1844

图书在版编目（CIP）数据

简读葛兰西 / 张羽佳著 . — 西安：陕西师范大学
出版总社有限公司，2025.1
（大家精要：典藏版 / 郭齐勇，周晓亮主编）
ISBN 978-7-5695-4253-0

Ⅰ . ①简… Ⅱ . ①张… Ⅲ . ①葛兰西（Gramsci,
Antonio 1891—1937）—人物研究 Ⅳ . ① B546

中国国家版本馆 CIP 数据核字（2024）第 028283 号

简读葛兰西
JIAN DU GELANXI

张羽佳　著

出　版　人　刘东风
策划编辑　刘　定　陈柳冬雪
责任编辑　张　姣
责任校对　陈柳冬雪
封面设计　龚心宇　张潇伊
出版发行　陕西师范大学出版总社
　　　　　（西安市长安南路 199 号　邮编 710062）
网　　址　http://www.snupg.com
印　　刷　深圳市福圣印刷有限公司
开　　本　889 mm×1194 mm　1/32
印　　张　6.5
插　　页　4
字　　数　118 千
版　　次　2025 年 1 月第 1 版
印　　次　2025 年 1 月第 1 次印刷
书　　号　ISBN 978-7-5695-4253-0
定　　价　49.00 元

读者购书、书店添货或发现印装质量问题，请与本公司营销部联系、调换。
电话：（029）85307864　85303629　　传真：（029）85303879

目录

引　言

　　葛兰西的挚友、意大利自由主义记者皮耶罗·戈贝蒂曾经这样形容自己的朋友：

　　　　安东尼奥·葛兰西具有革命家的头脑；他的面部轮廓看起来像是由他的意志雕刻而成的，一种必须得到绝对承认的内在力量使他的面貌严峻深沉；他的脑力要比他的身躯强健得多。

　　　　他的头脑似乎特别善于探索社会现象中必要的逻辑联系；他的面孔表现出大脑始终在紧张地工作，表情显得冷峻和不可思议的严肃；只有在他炯炯的目光中，在他那明亮、深思和隐藏着痛苦的眼神中，可以不时看到一种忧郁的善良表情，代替了他那理智力量所形成的严峻表情。

戈贝蒂描绘的是一个坚定的革命者形象，寥寥几笔，却勾勒出葛兰西性格中最为突出的特点：思想坚定、意志顽强，虽然身材矮小、驼背，但从他头脑中迸发出来的理性的激情却具有排山倒海般的力量，能够在人们心底掀起一阵阵的巨潮。同时，戈贝蒂也注意到葛兰西性格中有温柔善良的一面，那是他在面对亲人、朋友、战友和同志时所流露出的温情。

葛兰西是意大利工人运动的杰出领导者、英勇的反法西斯战士、意大利共产党的缔造者与领袖，他的一生虽然充满波折，却始终激荡着高昂的斗志。

幼年的时候，由于家庭的变故，葛兰西不得不过早地挑起生活的重担，备尝人世间的苦难与辛酸。无论生活如何艰苦，葛兰西始终没有放弃自己的学业，经过努力奋斗，他考取了都灵大学的奖学金，走出落后的撒丁农村，来到北方现代化的工业城市。在意大利工人运动的"彼得格勒"——都灵这个"红色城市"，葛兰西深切感受到产业工人革命运动的热潮，并毅然投入无产阶级的解放事业中。

在葛兰西的政治实践中，他始终在探索如何在西方资本主义较为发达的国家制定共产主义革命的方针与策略。他把自己的青春献给了如火如荼的意大利工人运动，葛兰西的《关于都灵的共产主义运动》充满探索精神和独创性，曾经获得列宁的高度赞赏。面对意大利社会党中的改良主义与工会的官僚化现象，葛兰西深感忧虑，他提出"革新社会党"的主张，并在重重压力和阻挠下，与波尔迪加一同缔造了意大利共产党，希望开拓出一条与改良主义不同，与资本主义议会制度不同，同时也与苏联革命模式不同的适合于意大利本土的革命道路。

作为意大利共产党内最具理论素养的思想家，葛兰西以他的笔作为斗争的武器，写下了许多激昂的战斗檄文，不仅在《前进报》和《新秩序》时如此，甚至在法西斯的监狱中，葛兰西依然凭借顽强的毅力写下了三十三册《狱中札记》，提出了许多富有创见的革命思想与革命理论。如果一种理论被称为"革命的"，那是因为它不得不发明自己的术语，以摧毁其他术语的支配性意义。在极端艰苦的条件下，葛兰西构建了以文化霸权为核心的一系列概念——"实践哲学""现代君主""运动战"与"阵地战""有机知识分子"和"传统知识分子"，并赋予这些概念以革命意义，在理论上探讨了某一社会集团通过谈判与说服等方式夺取意识形态上的领导权，并使其他集团对其统治表示积极赞同和自觉服从的政治策略。这一理论具有重要的原创意义，他本人也因此被誉为"最近五十年中最有独创性的马克思主义思想家"，"列宁逝世后最深湛和最多产的马克思主义思想家之一"。

无论如何，我们都可以把葛兰西视为一位为信仰而甘愿自我牺牲的英雄。他为了自己的信仰和理想，忍痛挥别深爱的妻子、年幼的孩子、年迈的双亲，在法西斯阴暗潮湿的牢房中度过了人生最宝贵的时光。十一年的囚禁生涯毁坏了他的健康，但他的精神却在痛苦中升华。通过反复阅读葛兰西于1928年5月10日开庭审判前夕写给母亲的信，我们或者可以理解这位伟大战士的革命情怀：

不管判我什么刑，为了使我心情平静，我希望你不要过于害怕和担忧。我希望你很好地理解，从思想感情上理解：我是政治犯，也将作为政治犯而判刑。对此我没有，永远也不会有任何值得羞愧的地方。说到底，在某种程度上是我自己要求被关押和判刑的，因为我从来不想改变我的观点。我已准备为我的观点贡献生命，而不仅仅是坐牢。因此我只能感到平静，并对自己感到满意。亲爱的妈妈，我真想紧紧地拥抱你，以便使你感到我是多么爱你，多么想安慰你，因为我给你带来不幸，但我只能这样做。生活就是如此，非常艰难。儿女们为了保持自己的荣誉，保持自己做人的尊严，有时不得不给妈妈带来极大的痛苦。

第 1 章

与贫寒搏斗：葛兰西的青少年时代

出身与家庭

安东尼奥·葛兰西 1891 年 1 月 22 日出生在意大利撒丁岛的阿莱里村。祖父曾经是波旁王朝的上校，有着较为优厚的薪酬。父亲弗兰切斯科·葛兰西高中毕业，曾经学习法律，准备成为律师，祖父的突然去世使得这个高中毕业生失去经济来源，所有关于未来职业的设想都被迫取消。弗兰切斯科不得不去找份工作维持生计，于是进入撒丁岛的吉拉扎村房产登记处成为一名职员，过着碌碌无为的平庸生活。葛兰西的母亲佩皮娜·马恰斯是一位税收员的女儿，性格开朗、坚韧，无惧生命的任何苦难，对葛兰西性格的形成影响很大。作为当时意大利南部少有的受过初级教育的妇女，佩皮娜不同于一般的家庭主妇，她思想开放，凡事有主见，重视对子女的教育，喜欢薄伽丘的著作，说话尖刻幽默，从某种意义上来说，葛兰西文章中所透出的辛辣风格与母亲佩皮娜倒是十分相像。

弗兰切斯科·葛兰西和佩皮娜·马恰斯一共养育了七个孩子，安东尼奥·葛兰西排行第四。在兄弟姐妹中，安东尼奥与妹妹特蕾西娜共同分享着对文学的热爱与忠诚，他们经常在一起讨论诗歌等文学作品，有很多共同话题；安东尼奥的大哥杰纳罗是这个家族中最早投身社会主义运动的人，正是他指引安东尼奥走向无产阶级解放的政治道路的；幼弟卡尔洛是安东尼奥忠实的追随者，他在安东尼奥被投入监狱之后四处奔走，尽力给予哥哥以帮助和支持。颇为有趣的是，葛兰西有一个弟弟日后成为法西斯党徒，这也许并不仅仅是个人的政治选择问题，而是当时意大利政治局势的一个缩影。

安东尼奥·葛兰西小的时候是一个发育正常的漂亮孩子，有着蓬松的金黄色头发和湛蓝色的眼睛，可以说是一个"小美男子"。然而，在葛兰西4岁的时候，由于女仆的疏忽，安东尼奥被摔到了地上，家人把他的驼背归因于此。事实上，当时葛兰西的后背上长出了个像核桃大小的疙瘩，虽然父母积极求医，但葛兰西的病情总不见好转。更为糟糕的是，葛兰西的前胸也开始慢慢突起，出现了严重的发育障碍。这一切使得葛兰西身材矮小，身体畸形，即使成年个头也没超过一米五。

葛兰西 7 岁时，又一场灾难降临到这个家庭，并使其完全陷入屈辱和贫困的境地。1897 年，意大利政治大选开始，葛兰西的父亲弗兰切斯科·葛兰西被卷入伊西利选区的政治旋涡中。此时的撒丁岛，人们视野狭隘，思想观念落后封闭，选民们对自由主义、保守派、社会主义、教权至上以及民主政治这些政治理念几乎一无所知。选举与其说是一种政治竞争，不如说是地方派系之间的相互倾轧与争权夺利。葛兰西的父亲弗兰切斯科不幸地站在了失败者的阵营，受到竞选成功者的镇压与报复。弗兰切斯科本人遭到稽查，随后，他被控告侵吞公款，并被判处五年八个月二十二天的监禁。

父亲弗兰切斯科入狱使这个家庭断绝了生计来源，然而葛兰西的母亲佩皮娜是个坚强的女性，她勇敢地挑起生活的重担，不肯向命运低头。她省吃俭用，不知疲倦地干活，洗衣、缝纫、招租房客，依靠自己的努力养活七个孩子，从不曾开口向亲戚寻求帮助。更为难能可贵的是，即使家庭陷入困境，佩皮娜仍然不肯让孩子们因为贫困而失学，她咬牙坚持供几个孩子上学，力所能及地让他们接受稍微好一些的教育。为此，葛兰西深深感激他的母亲，对她充满敬佩："我们能否做到三十五年前妈妈所做过的事情呢？能否像她——一位可怜的妇女一样，独自顶住可怕的风暴并且养活七个孩子呢？很显然，她的一生是我们的榜样，她的一生向我们表明，用顽强的精神去克服那些看起来连意志坚强的男人也难以克服的困难，是多么的重要啊！"

　　无论如何，家庭的变故与身体的缺陷还是对葛兰西的性格产生了不良影响，这很可能就是弗洛伊德所说的"原始的伤痕"，在葛兰西的一生中都具有非常重要的暗示意义。尽管佩皮娜从不向孩子提起父亲入狱的事，但幼年的葛兰西还是了解到事情的真相，他对妈妈向自己隐瞒感到难过。葛兰西追求人际关系中的坦率和诚实，无论事情的结果是好是坏，他都可以承受，然而，一旦发现有人用欺骗的手段向他隐瞒那些能够使他感到难过的消息时，便会感到双倍的痛苦。因此，在三十年后，当葛兰西自己被法西斯关入监狱的时候，他写信告诉妻姐塔吉娅娜，让她劝告妻子朱丽娅不要向孩子们隐瞒父亲坐牢的事情，因为孩子们会间接地知道父亲在坐牢，对孩子们隐瞒事情的真相既不公平也没有益处。葛兰西希望对待孩子应该像对待懂道理的大人一样，把真相向他们坦白，把是非判断的权力交还给孩子本人，以砥砺他们的性格，强健他们的心志。总之，父亲的被捕和自己身体的畸形在童年葛兰西的心灵中投下了浓郁的阴影，成为他内心无法抹去的伤痕。在自尊心的驱使下，葛兰西对一切显得冷淡，刻意与他人保持距离，把自己的内心世界隐藏在严肃的外表或讥讽的笑容后面。少年葛兰西甚至有一种想法，认为自己是世界的弃儿，是绝对不可能被人喜爱的，甚至在亲人中间，葛兰西亦感到孤独与疏离，认为自己是家庭的负担和外来者，与家庭成员的关系处于一种微妙且复杂的状态中。

孤单的童年

由于身体的畸形，葛兰西无法参加男孩子们那种激烈的、需要较量体力和宣泄体内过多能量的游戏，他无法接受小朋友们向他身体投来的异样目光，因此似乎总是游离于同龄人的圈子。更多的时候，葛兰西喜欢一个人独处，他经常到田野间散步，欣赏意大利南部农村的美丽景象。故乡对于葛兰西来说仿佛是一个美丽的童话世界，承载着他童年的梦幻——"我在童年时代是多么喜欢圣西拉芬教堂旁的蒂尔索河啊！我常常一连几个钟头静坐在河边的岩石上，像着了迷一样，欣赏这条河流在教堂前面形成的奇妙湖泊，好奇地凝视着黑鸭从河边的芦草丛游到河中去，凝视着从水里跳起来捕食蚊虫的鱼儿"。正是这种与自然的独处，养成了葛兰西沉默多思的性格，他习惯一个人思考，自己同自己的内心对话。

当然，与其他男孩子一样，童年的葛兰西也有一颗不安分的心，他渴望到外面的世界去闯荡。葛兰西喜欢看地图，梦想着海洋、旅行和冒险。有一段时间，葛兰西迷恋上《鲁滨孙漂流记》和《神秘岛》，甚至每次到家附近的田野"游历"时都要带一些小麦和火柴，用油布包起来，预防万一漂流到某个荒岛上时能够依靠这些东西过活。这是典型的"生活仿效艺术"，从中我们可以看出葛兰西是一个具有浪漫情怀的人，只不过人们通常被他严肃的外表所阻挡，无法深入他的内心罢了。而从某种意义上看，又有几个激进政治的拥护者不是政治上的浪漫派呢？幼年时期的葛兰西就显示出对撒丁方言的热爱，他搜集撒丁的民间诗歌和故事，能够说一口流利的撒丁方言，这种对语言的兴趣伴随他终生。随着年龄的慢慢增长，葛兰西开始表现出对知识的强烈渴望，他大量阅读，文字对他来说似乎有一种魔力，他如饥似渴地阅读一切能够搜集到的报纸和书籍，有时甚至一直看到深夜。

从幼年时代起葛兰西就喜欢亲近自然和自然界里的小动物。他捕捉蜥蜴，饲养伶鼬和乌龟，能够分辨金翅鸟、梅花雀、百灵和金丝雀，他还在夜里观看刺猬如何进入果园偷苹果。除此之外，葛兰西还喜欢亲自动手制作一些生活装置和玩具，如那种意大利南部特有的小推车、结构复杂的双层甲板帆船、造型优美的小提琴模型等等，从中获得很大的乐趣。所有这些关于童年时代的故事，都记载在他从狱中写给孩子们的信里面，这些信后来被编成一个小集子，书名就叫作《刺猬的树》，小朋友也可以通过这本书分享葛兰西童年的快乐，这也算是葛兰西留给后人的一份特别的礼物吧。

也许出于天性的敏感，葛兰西早在童年时代就对人和人性有一种异乎寻常的洞察力。小小年纪的他经常以讥讽的眼光观察周围的各色人物，洞察他们的性格特点和行为细节，拿他们取乐。过了很多年，在葛兰西刚进监狱后的最初几个月，他甚至想模仿 19 世纪末流行的讽刺诗，描摹自己小时候曾经接触的各色人物，他们有着各自不同的性格，或吝啬贪财，或粗俗鄙陋，或狡猾多谋，或自以为是，性格上有各种各样的缺点，但本质上却体现了意大利南部农村人的淳朴可爱和浓厚的乡土气息。葛兰西用一种轻松戏谑的笔调这样写信给妈妈："由于我的时间很多，我想用同样的手法来写诗，我把自己小时候所了解的所有著名人物都写进诗里，例如：雷蒙杜·加纳、加诺苏和加诺拉大叔、安德里奥卢老师、米拉努大叔、博博伊大叔、伊斯科扎大叔、皮波托、科龙库、桑图·扬库等等。我将以此消遣，而且几年后，我将把诗朗诵给孩子们听。"也许是为宽慰母亲，葛兰西故意把这一段说得生动俏皮，十分幽默，我们完全有理由推想，如果葛兰西不从事政治运动而专心于写作的话，他极有可能成为意大利的狄更斯。

艰难求学路

安东尼奥 7 岁半进入吉拉扎村小学接受正规的教育。由于地处意大利相对落后的南方岛屿，这所学校的教育水平相当落后，班上的同学几乎都讲不好意大利国语，只能使用撒丁地区的方言进行交流，这种状况使得会流利地讲意大利国语的葛兰西处于优越的地位。天资聪颖加上刻苦努力，葛兰西一直是班里最优秀的学生。

虽然门门成绩优秀，但念完小学后，葛兰西却由于家庭贫困不得不辍学。年仅 11 岁的他来到地产登记所，开始了童工生涯。在这里，葛兰西每天需要工作十小时，搬运比自己还重的注册簿，抄写大堆大堆的文书，而每天挣到的钱却仅仅能够勉强糊口。繁重的体力劳动把这个生理上有缺陷的孩子累得浑身疼痛，身体与心理都达到了所能忍受的极限。小葛兰西常常在深夜里偷偷哭泣，内心感到特别悲伤。

尽管生活贫困拮据，但葛兰西并没有放弃求学的意愿。

他在地产登记所工作之余，抽空自学了拉丁文。他向往古典的文化与学校教育，不肯让贫穷将自己隔绝在知识之外。当然，被迫放弃学业让少年葛兰西深刻体验到社会的不公正，正像狄更斯名著《远大前程》的主人公皮普所说："在儿童艰难度日的小小世界中，再没有比不公正更容易让人感受至深了。"的确，童年的辍学经历在葛兰西幼小的心灵中埋下革命的种子，他后来这样写道："我的造反本能从儿童时代就是针对富人的。因为，我在小学各门功课都优秀，却不能继续学习，而肉铺、药店和布店老板的孩子却可以上学。"

在愤怒与煎熬中度过两年的辍学生活后，葛兰西等到了一线光明。父亲弗兰切斯科结束了服刑，回到了家里。经过一段时间的磨合，弗兰切斯科终于在地产登记所找了个抄写员的工作，虽然工资收入不多，但加上母亲佩皮娜和姐姐们织袜子和围巾所挣的一些钱，葛兰西终于有机会重返学校了。1905 年，弗兰切斯科和佩皮娜不顾生活艰辛，把 14 岁的安东尼奥·葛兰西送到距离吉拉扎村十八公里的圣卢苏朱读中学。这是一所极其简陋的中学，校舍低矮狭小，破旧不堪。只有三名教师，负责全部五个年级的教学，他们没有教师资格证书，也缺乏教学经验。在这种情况下，葛兰西虽然直接跳级上了初中三年级，但学业却乏善可陈，知识零乱，缺乏系统性。

1908 年，为了获得稍好一些的教育，葛兰西转到卡利亚里的德托利文科高中学习。由于贫困，葛兰西的求学生活十分艰苦，他时常为房租发愁，同时又不得不忍受他人的白眼。为了节省花费，葛兰西常常不买课本，而是借同学的课本，自己动手抄课本。无论如何，经过一段时间的努力，葛兰西终于把他在圣卢苏朱初中时所落下的功课补上了。在德托利高中的毕业考试中，葛兰西的各门成绩均达到了八分以上。在所有学科中，他的意大利语成绩最为突出，尤其是作文在此时就已经显露出其一贯优雅犀利的风格，经常被老师加齐亚当着全班同学朗读。

　　加齐亚是《撒丁联合报》的社长，他思想激进，曾经发表《革命之歌》。虽然本人并不是社会党党员，但他主持的《撒丁联合报》经常站在社会党的立场发表一些反政府的言论，成为人民抗议行动的传声筒。加齐亚对葛兰西十分器重，格外喜欢这个来自撒丁岛的学生。他经常邀请葛兰西到自己的办公室去参加《撒丁联合报》作者与编辑的聚会。聚会中，人们就各种现实问题展开讨论，表达自己的观点，不时有火花闪现。这种讨论启迪了葛兰西的思想，虽然稚嫩，但他还是大胆发言，阐述自己对现实社会的思考。加齐亚毫不掩饰对葛兰西的欣赏，这个年轻人不仅文采出众，能够书写出优雅漂亮的文章，更重要的是，葛兰西此时已经表现出独立思考的精神特质，令老师加齐亚另眼相看，对这个年轻人寄予很高的期望。事实上，在葛兰西高中的暑假，加齐亚就给他发了一个记者证，葛兰西的第一篇新闻报道就刊登在加齐亚主持的《撒丁联合报》上，这个年轻人已经崭露头角了。

都灵大学生

1911 年夏天，葛兰西高中毕业，家庭的贫困状况依然没有改观。幸好，葛兰西打听到一个名叫卡洛·阿尔贝托的基金会，这个基金会可以支持从撒丁王国各省来的贫困学生到都灵大学接受高等教育。

都灵大学位于意大利北方工业城市都灵，是一所很有名气的综合类大学，汇集了语言学家马泰奥·巴托利、经济学家卢易吉·埃伊诺迪、但丁学者翁贝托·科斯莫、文学教授温琴佐·曼齐尼和哲学研究者安尼巴莱·帕斯托雷等一大批优秀教师，他们虽然专业不同，文化倾向也不尽相同，但都坚持思想自由，支持克罗齐在意大利倡导的道德和思想改革运动。与此同时，对实证主义哲学的批判也在如火如荼地展开，新黑格尔主义哲学在大学中蔚然成风，人们忘情地谈论辩证法和历史哲学，渴望摆脱旧有思想的"闷热与压制"，渴望精神和知识的变革，思想上处于一种生机勃勃的状态，与我国五四时期人们对新文化的憧憬与渴望非常相似。对于当时意大利的许多青年来说，能到这样一所大学上学是他们的梦想，卡洛·阿尔贝托基金会为贫困学子提供了殊为难得的机会。基金会决定为每名学生提供十个月的奖学金，金额是每月七十里拉，名额限定为三十九人。为了确定奖学金人选，基金会还要求学生们参加一次考试，考试内容为高中三年所有的课程。

在卡利亚里考区，只有两名考生获取了奖学金考试资格，葛兰西便是其中之一。他从家里带了一百里拉，独自前往都灵参加考试。这个来自撒丁的穷小子第一次离开本岛前往大陆，都灵马路上多得出奇的汽车让这个乡里乡气的青年既害怕又兴奋，这是他开始了解除家乡之外的世界。考试从 10 月 18 日开始，因为虚弱的身体和严重的营养不良，葛兰西在考试期间昏过去两三次。即便如此，葛兰西仍然依靠自己顽强的努力成功地通过考试，得到了来之不易的名额，获得了梦寐以求的奖学金，这使他有机会完成作为一名知识分子所必需的高等教育。在所有的考生中，葛兰西排名第九，排名第二的是另外一位来自撒丁的学生陶里亚蒂，二人后来成为亲密的同志和战友。

1911 年 11 月 16 日，葛兰西在都灵大学文学系现代语言学专业注册，正式开始了大学生活。此时困扰葛兰西的，仍然是贫困的问题。阿尔贝托基金会所提供的每月七十里拉的奖学金显然不能满足一个大学生在都灵维持最低的生活标准。葛兰西不得不向家里求助，在写给父亲的信中他算了一笔账："现在这70里拉绝对不够用，我将用实际数据证明：尽管我转了一大圈，仍未能找到一个租金少于25里拉的房间，就像我现在住的房间。70里拉，减去25里拉，还剩45里拉。用这些钱我要吃饭、洗衣服（洗、熨等至少要5里拉）、擦皮鞋，还要付房间照明费、学习用的笔墨纸张费。这些看似小事，但却要付40里拉！至于吃饭，我告诉你们，一杯牛奶要10分，25克的小面包要5分。在最普通的餐馆里吃一顿午餐不能少于2里拉，就像前几天我曾用餐的那种餐馆，我吃一小盘通心粉花了60分，我花60分才给我像纸一样薄的牛排，以致我吃了六七个小面包仍感觉饿。"葛兰西恳求父亲："如果想让我继续待下去，你必须承诺帮助我，必须给我寄钱来，注意每月至少20里拉，这样，我才能咬紧牙关度日。"

不仅如此，身体上的病痛也时时折磨这个远在他乡并备感孤独的青年学子。他时常感到身体疲乏，剧烈的头疼搅得他不能学习，难以入睡。他在给家人的信里描述了自己糟糕的健康状况："我顽强地学习了一个月，结果导致我眩晕，头疼欲裂并患脑贫血症，使我的记忆力衰竭，脑子里空空如也，使我不时地发疯，靠散步、卧床或如同发怒者那样在地上打滚都不能让我恢复平静。昨天我不得不去请医生，更确切地说，是女房东吓坏了，是她让医生来的！医生给我注射了一针镇静剂，现在我服用颠茄控制病症。除了不停地颤抖外，面临彻底毁灭的想法也令我忧虑。"从这段话可以看出，困扰葛兰西的不仅仅有身体上的病痛，他在生理和精神上都承受着巨大的压力。无论如何，葛兰西是坚强的，在学费、书籍、食宿和疾病的重压下，他深知即使处境艰难，仍然要努力前行，坚信"只要斗争，就有希望看到美好时光，同时战胜一切财政的、健康的、生活上的困难"。

学业与友谊

在都灵大学文学系，有一位青年教师对葛兰西格外关照，他就是马泰奥·巴托利教授。巴托利从事语言学方面的研究，曾经发表过论文《略论撒丁语》，对撒丁方言的形成与传播进行了较为深入的研究。巴托利治学严谨，特别注重对日常生活中各种语言材料的收集。由于葛兰西是都灵大学文学系数不多的撒丁人，他的到来引起了教授的注意。他们会长时间地站在温扎利奥大街教授家附近的柱廊下讨论语言学问题，逐渐建立起深厚的友谊。葛兰西十分重视教授交代给他的任务，经常写信回家，就相关的撒丁语方面的问题向家乡人求助。在一封给父亲的信中，他这样写道："我寄去一页语汇，请找个人译成撒丁语，但要译成弗尼方言……劳驾，千万不要出错，因为这是一位教授交办的任务，今年我要参加他主持的考试，我不愿意干蠢事。一旦写完，请立即寄给我，因为对教授的语言学研究有用。"与此同时，妹妹特蕾西娜也被葛兰西动员起来，他写信给妹妹，让她问一问在撒丁中北部方言中是否存在单词 pamentile，其含义是否为"地板"；是否存在词组 omine de pore，其意思是否是"权威人士"；是否存在同意大利语词语"石子堆"对应的 pedrarza 一词，或者它以另一种方式发音；piscadrici 在撒丁南部方言中是否是"女渔民"的意思，还是指某种海鸟的名称。从这些信中，可以看出，葛兰西同巴托利教授对撒丁语的讨论是非常深入的，教授对学术研究的真诚，他的科学良知和严谨的治学态度都深深地影响了葛兰西。

此外，葛兰西还同意大利文学教授翁贝托·科斯莫来往密切。科斯莫是克罗齐在意大利倡导的道德和思想改革运动的拥护者，他对意大利天主教的思想控制十分不满，认为现代人能够而且应该不靠宗教而生活，人类有能力对自己的行为负责，并创造他们自己的命运。他在课堂上向学生灌输激进的思想，在科斯莫的引导下，葛兰西接受了 19 世纪伟大的文学史家弗朗西斯科·德·桑克蒂斯的文学观，认为文学研究应该深深根植于对社会及思想史的研究之中。讲授哲学的安尼巴莱·帕斯托雷教授也非常关注葛兰西，因为巴托利教授曾经向他郑重推荐这个学生："你要向他多灌输一些哲学思想，这是值得的。你看吧，他将成为一个了不起的人物。"根据帕斯托雷教授的回忆，葛兰西当时的哲学思想主要还是受克罗齐的影响，但他已经意识到这种唯心主义哲学的局限。对于葛兰西来说，他最关心的还是思想如何才能变成实践力量，如何在现实的行动中塑造一种新型的文化。讲授德国浪漫主义古典文学的阿杜罗·法里尼利教授也对葛兰西的思想和人格产生过重要影响。这位教授有着一头漂亮的"狮子鬃毛"似的头发和坚强不屈的精神，他向学生们灌输的是新品德，这种品德的最高准则就是极度的诚实和严格的律己，坚持原则，为事业而献身。

都灵大学为葛兰西提供了思想自由驰骋的广阔空间，葛兰西渴望了解文化的广大领域，了解人文科学的各个方面，而不是将自己局限在专业的狭小领域，他需要的是一种宽广的人文视角。葛兰西如饥似渴地学习，徜徉在都灵大学自由且广博的思想海洋中，每一门学科对他来说都具有特殊的吸引力，为他理解现实世界提供了一个特定的角度。他去法律系听帕基奥尼教授讲"十二铜表法"，去经济系听卢易吉·埃伊诺迪讲政治经济学，去政治学系听弗朗切斯科·鲁菲尼教授讲述教会同国家关系的新概念，这些学习奠定了葛兰西丰厚的文化基础，使他在日后的写作中能够旁征博引，游刃有余。

在学生中，葛兰西也结识了几位好朋友。他们当年是同窗，日后亦成为志同道合的战友，这样的友谊，其意义已经远远超出个人感情和个人兴趣的范畴，而对于整个民族、整个历史都具有重大意义。最重要的一位朋友是同样来自撒丁地区的帕尔米罗·陶里亚蒂。陶里亚蒂主修法律，在参加阿尔贝托基金会的考试时，曾经与葛兰西有过短暂的交往。在都灵大学帕基奥尼教授主持的关于罗马法的课堂上，两位旧友重逢，由于都是来自撒丁岛，两人有一种天然的亲切感。两个好朋友在上大学的初期都没有参与政治活动，将他们联系在一起的是对知识的渴望和共同探索社会道路的心情。在谈话中，两个人发现彼此心灵相通，有许多共同关注的话题。他们一起讨论罗马法，讨论文学和艺术、意大利的南方问题，讨论意大利出兵利比亚的政策，讨论撒丁的贫困，就"人类历史上可以无穷尽地探讨的问题"交换意见。

主修文学与艺术的安杰洛·塔斯卡也是葛兰西大学时代的挚友之一，他比葛兰西小一岁，是一位当工人的社会党员的儿子。塔斯卡思想奔放，具有浪漫主义气质，是青年学生的领袖。塔斯卡很早就开始从事政治活动，曾经创立都灵第一个受罗马社会主义青年联合会领导的"青年小组"。塔斯卡强调文化对于社会发展和人的心灵培育的重要性，事实上，塔斯卡始终没有放弃"福音"中关于人类团结与博爱的思想，他主张的是一种"文人和救世主的社会主义"，每到星期日便会约一些青年社会党人下农村宣传文化，认为只要把重点放在文化宣传上，就会产生长期的效果。虽然葛兰西在上大学的初期并没有参加塔斯卡所组织的"青年小组"，然而，塔斯卡已经在这位同学身上看到了某种将其吸收到自己的阵线的希望，他把这位来自撒丁的青年看作自己的同道。在大学一年级即将结束时，塔斯卡送给葛兰西一本法文版的《战争与和平》，并写下这样的话："送给今天的同学，明天的——我希望的——战友。"

都灵的冲击

在青年葛兰西世界观形成的过程中，都灵是除了故乡撒丁之外，给予这个青年人以巨大心灵撞击的城市。作为一个青年学生，葛兰西1911年第一次离开故乡撒丁来到意大利本土，现代化的工业城市带给他强烈的思想冲击。与撒丁岛依然停滞在农耕时代的素朴生活相比，都灵是一座充满了现代气息的城市，具有撒丁岛所没有的生机与活力。正是在撒丁与都灵的强烈对比中，葛兰西"拒绝了农村生活的迹象，暗自坚定地努力成为现代公民"。更重要的是，这座城市是当时意大利工人运动最活跃的地方，葛兰西在这里感受到工人运动的强大力量，工人阶级在数次运动中表现出的组织性、战斗性和纪律性使这位未来的革命家受到了前所未有的震动。

1913年3月，当22岁的葛兰西还在攻读文学系的课程时，都灵工人就爆发了抗议远征利比亚的大罢工。这主要是由于夺取利比亚的殖民战争刚刚结束，统治者许下的种种诺言并没有实现，南方的农民和北方的工人贫困依旧，战争只是使一小撮金融家和投机者大发横财。六千五百名汽车工人顶住巨大压力，没有被资本家解雇的威胁吓倒，罢工从3月19日一直持续到6月23日，直至取得完全胜利。整个罢工过程中，工人阶级保持了高度的团结，工人阵线没有一丝分裂的迹象，以一种最先进、最觉悟的队伍形象出现在历史舞台上。身处学校读书的葛兰西也感受到了工人运动的强大力量，他经常参加工人们在波河对岸的米凯洛蒂公园举行的集会，倾听工人们的谈话，并不时同他们交谈，了解工人的利益和要求，这段为时三个月的罢工使葛兰西受到了生动且深刻的革命教育。

在 1920 年递交给共产国际的《关于都灵的共产主义运动》的长篇报告中，葛兰西全面介绍了都灵共产主义运动的情况，也准确阐述了他对都灵这一城市的认识，高度评价了这个城市在无产阶级革命运动中的地位。

在意大利，资产阶级革命创立今天的资产阶级制度以前，都灵一向是一个小国的首都，这个小国包括皮蒙特、利古里亚和撒丁岛。当时在都灵的经济生活中占主要地位的是小工业、家庭生产和商业。当意大利成为一个统一的王国，罗马成为首都以后，都灵似乎丧失了它原来的重要性。但是，这个城市很快就克服了经济危机，它的人口增加了一倍，成为意大利最大的工业中心之一。可以说，意大利有三个首都：罗马——资产阶级国家的行政中心；米兰——全国商业和金融生活的中心（所有的银行、企业、金融机构都集中在米兰）；都灵——最重要的工业中心，这里的工业生产达到了高度的水平。当首都迁到罗马以后，对新兴的资产阶级国家起了重大影响的资产阶级和小资产阶级知识分子离开了都灵。但是大工业的发展却使意大利工人阶级的精华集中到都灵。因此，这个都市的成长过程是意大利历史和意大利无产阶级革命史上非常有意义的一页。这样，都灵的无产阶级就变成了意大利工人群众精神生活上的领袖，而工人群众则在种种关系上，如乡土关系、家庭关系、传统关系、历史关系上，同时也在精神上（每一个意大利工人都热烈地盼望到都灵去工作）与这个都市结合在一起……都灵是心脏，意大利共产主义革命的心脏，是又一个彼得格勒。

撒丁选举风潮

1913年7月，废寝忘食的学习令营养不良的葛兰西的身体变得越发虚弱，他不得不向阿尔贝托基金会请假，未参加考试就返回了吉拉扎村。就在葛兰西返回吉拉扎村休假期间，撒丁岛举行了首届普选活动，葛兰西从头至尾目睹了选举的整个过程，对广大农民群众积极参加政治生活所引起的社会变化感到震惊。被奴役的阶级走上了选举舞台，这一事件和对这一事件的思考使葛兰西对政治生活和政治斗争有了更加深切的理解，他开始探索贫苦劳动群众表达自己利益要求的斗争方式和斗争策略的问题。

1913年10月26日撒丁岛举行的选举与以往选举的最

大不同在于文盲被允许参加投票，因此撒丁区的选民人数从四万二千人猛增到十七万八千人，即增加了十三万六千人，这些新增选民的态度将对以后的政治局势产生重要的影响，可能引发政治格局的巨大震动，对此，保守分子忧心忡忡，害怕拉不到足够的选票，从而失去对议会的控制权。因为，根据以往的选举经验，选票都是依靠小恩小惠的方式收买而获得，而此次扩大选举范围迫使幕后操作的手法进行一些改变，因为如果要收买增加了三倍以上的所有选民，代价未免昂贵。

　　贿选不再有效，于是，原先聚集在"撒丁主义"旗帜下的各方势力便出现了分化与瓦解。以往，一些被当权派排挤在外的保守派议员、无法进入权力核心的市政官员、对现任政府的某项税收与贸易政策心怀不满的中产阶级、在高关税政策下利益受损的土地所有者，经常利用"撒丁主义"这一招牌争取不满足于微薄工资收入的工人和濒临破产的农民，想利用工人和农民的不满来推翻现有的政府，从而夺取政治权力。然而，1913年的普选给工人和农民提供了彻底清算自己利益的平台，他们看到自身利益与那些收入可观的中产阶级完全没有共同之处，相反，广大的工人和农民完全可以依靠自己的力量组织起来，提出符合自己利益原则的政治要求，而无须其他的代理人。毕竟，保守分子内部的利益失衡与衣衫褴褛的穷苦人的经济要求和政治主张并没有合理的交汇点，因此，原本共同站在"撒丁主义"这一战壕的人们通过1913年的选举划清了阵线：一方面是保守集团；一方面是劳动群众。两个阶级泾渭分明，再也无法混为一谈。

很快，撒丁岛的有产阶级便自动地与政府站在了一边，他们消除宿怨，重新抱成一团：有的候选人主动放弃了自己的候选人资格，以便所有的选票能够集中在与自己竞争的另一右翼候选人身上；尽管有的候选人多次声明反对教会，但教会还是"原谅"了他，转而支持他关于贸易与税收的主张；与大陆政府有矛盾的候选人也不再发表反对政府向撒丁岛增派警戒的命令，因为对工人阶级造反的担心超越了统治阶级内部的矛盾与不和。不仅如此，撒丁岛的有产者还联合起来，阻止工人们自由参加选举，矿工若是在选举中发表了与老板不同的意见，就会面临失业的威胁。

撒丁岛的这次选举严重冲击了葛兰西原有的撒丁主义思想，促使他深入思考造成南方贫困的真正原因是什么。总之，从撒丁岛回来之后，葛兰西彻底抛弃了"南方主义"，开始用阶级分析的方式思考社会问题，真正走向了社会主义。

第2章

斗争、团结与妥协：葛兰西的党内活动

编辑部里的年轻人

1915 年 4 月 12 日，葛兰西在都灵大学参加了最后一门考试，随后便因为贫病交迫而退学。第一次世界大战扰乱了许多人正常的生活，葛兰西这个来自撒丁岛的年轻人也要在这动荡而纷乱的情势中作出自己的职业选择。

虽然葛兰西在语言学方面表现出过人的天赋，并受到巴托利教授的赏识与器重，但身处世界大战的旋涡并经过都灵罢工以及撒丁选举等政治运动洗礼的葛兰西已经无法接受学者离群索居、超然世外的生活。他对政治产生了极大的兴趣，频繁参加社会党的活动，满怀激情地与人们交谈，分析

时局的发展，探讨未来社会的形态。年轻的葛兰西胸中充满革命的热情，一双眼睛密切关注着意大利的政治现实以及各个党派的政策主张。葛兰西十分清楚地意识到，他毕生为之奋斗的事业并不在学术领域，而是深植在为广大贫苦农民和工人争取权益的社会斗争中，他应当成为工人运动的活动家和组织者，一个"职业革命家"。

葛兰西的选择令巴托利教授十分失望，在他看来，这个年轻人不仅才华横溢而且具备一个学者所必需的思想深度。他能洞穿事物的本质，如果从事学术研究一定大有前途，巴托利热切希望自己心爱的学术事业能够有像葛兰西这样的学生薪火相传。对于这件事，葛兰西在许多年以后写给塔吉娅娜的信中也不无感慨地承认："我一生中心灵上最大的内疚之一就是我给我的好老师、都灵大学的巴托利教授造成的极大痛苦：他坚信我最终必将成为'战胜'新语法学家的最高天使。"但是，正如陶里亚蒂所认为的那样，即使葛兰西继续他的语言学研究，他也不会成为一位"纯"理论家，因为对葛兰西来说，词的历史就是风俗、习惯和社会的历史，"他必然会从每一个词甚至每一个音节的历史中看到社会思想和社会现实的历史"。

1915年12月10日，葛兰西来到西卡尔迪大街十二号的"人民之家"大楼，成为《前进报》（社会党机关报）都灵编辑部的一员。《前进报》和《人民呼声》为葛兰西提供了展现个人才华的平台，他参与对社会政治生活的报道，发表文学和戏剧评论，撰写大量随笔和社论，这些短小精悍的文章观点鲜明，用词考究，具有古典文学的美感，同时思想尖锐，直指人心，往往会提出一些具有创造性的思想观念，令人耳目一新。同时，由于腼腆与羞怯，葛兰西不习惯署名，在他撰写的文章落款处最多可以看到安东尼奥·葛兰西这一名字的两个缩写字母"A. G"，很少有人知道这位年仅25岁的记者的名字。人们纷纷猜测这个文风独树一帜、思想敏锐新颖的作者究竟姓甚名谁，对此，葛兰西只是付之以微笑。他对扬名与出风头并不感兴趣，只是喜欢探讨理论和现实问题本身。无论如何，葛兰西的到来给《前进报》带来了风格上的改变，作为新闻专栏，《防波堤下》的主笔，葛兰西一改《前进报》以往浅陋、直白的文风，代之以严密的逻辑和耐心的说理，他的文章不像演说家那样空洞华丽，仅仅讲求形式上的美感和简单的情绪宣泄，事实上，葛兰西的文章质朴中见文采，他较少用鼓动性的言辞，而是更倾向于"苏格拉底式"的说理方法，通过启发一步步地将人们引向他所要表达的主题，通过论理的力量打动读者，赢得他们的赞同。

总之，在这一时期，葛兰西把自己定位为一名文化的传播者和鼓动者，他关注思想文化领域的动向，对文艺作品所反映出来的思想情绪和道德指向怀有浓厚的兴趣。他写作了大量戏剧评论，尤其对与自己同时代的意大利剧作家路易吉·皮兰德娄的荒诞剧和哲理剧情有独钟，他这样称赞这位诺贝尔文学奖得主的作品："皮兰德娄就是戏剧领域的突击队员，他的许多戏剧就是投入观众头脑中的炸弹，它摧毁了那些陈腔滥调以及感情和观念的废墟。"

据统计，从1915年12月到1920年12月31日，一共五年零二十天，葛兰西一直在《前进报》工作。他写了成千上万的社论、通讯和剧评，他是如此勤奋，以几乎一天一篇的速度书写着自己对这个世界的观察和感受，他这五年记者生涯所写的稿件大概可以编成二十本四百页的书，可见他对这一事业倾注了巨大的激情和心血。正是在葛兰西的努力下，社会党都灵支部的这个小刊物竟然成为一个颇有影响的文化和思想阵地，成为展示社会主义文化的"小橱窗"。

都灵支部书记

在进入《前进报》编辑部之初，葛兰西并没有在社会党支部中担任任何领导职务，只是以普通党员和记者的身份参加都灵社会党支部的活动，与青年社会党人一起讨论社会问题。随着一篇篇如利剑、匕首般的短文不断面世，葛兰西慢慢赢得了党员和工人们的信任与尊重，但只是在1917年都灵反战运动失败之后，26岁的葛兰西才第一次担任都灵社会党支部的领导职务。

1917年，意大利军队在战场上出现了重大失利。卡波雷托战役使得意军损失三十万，在德奥联军的攻势下，意大利军队节节败退，直至皮亚韦河畔。与此同时，俄国爆发了革命，列宁领导的布尔什维克坚决主张退出沙皇时代卷入的战争，与交战各国缔结和约，尽快实现和平，把土地交给农民，把工厂交给工人，一切权力通过工农苏维埃而归属无产阶级。以克伦斯基为代表的孟什维克和社会革命党人却企图在推翻沙皇以后仍然同英国、法国和意大利一起，继续进行在沙皇时代开始的对德国和奥匈帝国的作战。1917年8月13日，彼得格勒苏维埃派往西欧的军事代表团抵达都灵，就战争问题同协约国进行首次接触。聚集在广场上的四万名群众千百遍地欢呼"列宁万岁！布尔什维克万岁！"表达了他们对列宁和布尔什维克的支持。

为应对世界大战出现的复杂局面，意大利社会党在佛罗伦萨召开会议，讨论社会党对战争的立场。会议上，社会党内的"不妥协革命派"赢了大多数的支持，他们提出"像俄国人一样干"的主张，认为无产阶级在为劳动群众的事业进行战斗时牺牲五百人，要比完全为资产阶级利益而反对德国使一万人丧生更合算。会议提出明确的反战路线，号召社会党放弃"资产阶级祖国"，采取严格的革命路线，并重申暴力是革命的助产士。

1917年8月23日，都灵工人举行了反对意大利帝国主义和军国主义的武装起义。工人们在市区街道和广场上连续战斗了五天五夜，手持步枪、手榴弹和机关枪占领了数条街区，并屡次冲击市政府。然而，由于过高估计了士兵对工人的友好情绪——工人们本来指望得到士兵们的支持，策动他们一同加入反战的行列，但是这一设想落了空，士兵们听信了政府的谣言，以为这次起义是德国人煽动起来的，因此对工人进行了镇压。工人的起义失败了，五十多人死亡，二百多人受伤，都灵社会党支部也在随后的大逮捕中损失惨重，领导人几乎全部被捕，社会党在都灵的组织处于非常严峻和非常困难的时刻，也就是在这个时候，26岁的葛兰西承担起社会党临时委员会都灵支部的领导职务。

1917年11月8日，担任都灵社会党书记的葛兰西在社会党内"不妥协革命派"召开的秘密会议上首次结识波尔迪加。波尔迪加是此次会议的主席，他此前曾经同塔斯卡就工人的教育问题进行激烈的争辩，反对对工人进行理论和文化教育，他的名言是："你不是通过受教育成为社会主义者，而是通过对你所属阶级的真正需要的体验而成为社会主义者的。"在这次会议上，葛兰西与波尔迪加拥有共同的立场，主张无产阶级应该继续"不妥协地反对战争"，利用大众反战的情绪去造成群众性的革命行动。这是两个人在工人革命运动中数次分分合合斗争与合作的开端，当时有会议代表曾经这样描述对这两个人的印象："在我看来，这两位同志似乎是相辅相成的一对，当时他们情投意合。可是，两人的模样儿截然不同：波尔迪加身材魁伟，仪表不凡；葛兰西长得瘦小，貌不惊人。前者是富有魅力易冲动的演说家，后者则是胸有城府的思想家。"

"工厂委员会"

1918 年，第一次世界大战宣告结束，意大利作为参战国，并没有从战争中获得好处，相反却损失惨重：士兵牺牲三十万，伤残四十万，里拉贬值 80%，物价飞涨，人民生活在水深火热之中。同时，经济、社会和政治的破坏亦在意大利引起旷日持久的危机，工人同雇主的冲突不断。在斗争中许多工人认识到组织起来进行斗争的必要性，从 1918 年到 1920 年，参加工会的工人从二十五万增加到二百万。工人运动的浪潮使从 1917 年仲夏就承担起社会党都灵支部领导人职务的葛兰西越来越深地卷入实际政治决策和革命实践活动中，受俄国十月革命的感召，葛兰西深刻研究了十月社会主义革命的经验，研究了俄国革命时期阶级力量的对比，研究了新的工业国家的基础，研究了苏维埃作为无产阶级专政这一新政权的形式和作用。葛兰西向自己提出这样的问题："在意大利存在着某种与苏维埃性质类似的工人阶级机构吗？……在意大利，在都灵，存在着苏维埃政府的萌芽吗？存在着对苏维埃的向往和思念吗？"他的回答是"存在，在意大利、在都灵，确实存在工人政府的萌芽，存在苏维埃的萌芽，这就是工厂委员会"。

　　早在第一次世界大战期间，在都灵的一些工厂中就成立了"内部委员会"，这个委员会的成员是从车间的工会会员中选出的，其目的在于处理工资协议、劳保等纠纷。委员会成员一般是五个人，由工会提名、讨论并通过，谈不上是经过充分的民主选举产生的，他们代表的也只是工会领导人的观点，而不代表全体工人的意志。通过到各个工厂大会座谈和参加车间代表的小范围讨论会，葛兰西在"内部委员会"的基础上提出"工厂委员会"的主张。按照葛兰西的设想，"工厂委员会"是一个代表全体劳动者意愿和利益的机构，其作用是把由战争所激发出来的巨大社会力量组织起来，并赋予其政治形式，最终变成体现无产阶级专政的社会主义国家的支架。这一组织能够把现实和未来紧密结合起来，既满足现实的迫切需要，又能成功地创造未来，并加速它的到来。

1919年6月21日，《新秩序》刊登了由葛兰西和陶里亚蒂共同执笔撰写的文章——《工人民主》，此文正式提出"工厂委员会"作为无产阶级生活中心和未来无产阶级政权机构的主张。与传统的工会不同，"工厂委员会"将不再像工会那样只是为争取提高工资、缩短工时、改善卫生条件和保证休息而斗争，相反，"工厂委员会"的目标不是同资本家谈判，而是由它来取代资本家彻底地管理工厂，在执行企业的技术领导和行政管理的一切有效职能方面代替资本家。"工厂委员会"将创造一种组织普通工人的新方法，积极鼓励工人参与决策，以避免工会运动中出现的官僚主义。在《工人民主》中，葛兰西这样写道：

> （工厂委员会）这种永远与各部门保持联系的领导力量必须在所有方面成为无产阶级发展的推动力。各个部门必须在所有的工厂、工会、合作社和兵营中提倡共产主义组织形式，这些组织不断地将党的观点和政策传播到群众中去。这些部门将组建工厂委员会，以管理工农业生产，它们将提出必要的口号，以建立工会、工人协会和工人代表大会，

它们成为可以信赖的因素，群众将授权它们以组织

政治上的苏维埃，并实行无产阶级专政。

这意味着，"工厂委员会"至少具有以下三个方面的作用：

第一，管理工业生产，动员和组织工人运动。"工厂委员会"中的代表是根据每个行业、劳动部门的班组实际运作情况从基层中选举出来的，所有工人，不论是技术工人还是粗工，不管是工会会员还是非工会会员都可以参与"工厂委员会"，参与工厂的管理。由于"工厂委员会"中的代表都是基层车间通过民主方式选举出的，这样就能保证代表享有群众的绝对信任。

"工厂委员会"的主要职责是对企业进行技术和行政管理，对工厂中一切有关生产、政治斗争的重大问题作出集体决议，负责将工人革命中自发、无序的力量变成一个有组织、强调纪律性的行动集团，把全体工人都吸引到自己的行动中来。

第二，教育工人的职能。"工厂委员会"担负着对工人进行教育的责任，这种教育既包含生产和管理技能的培训，也包括精神和文化上的启发与引导。葛兰西认为，"新的社会精神是无产阶级从劳动团体丰富生动的经验中形成的"，正是在现实的生产生活中，人们之间形成新的道德与伦理形

式，同时，在工人中间还存在某些粗鄙的习俗与不良习惯，对此，"工厂委员会"有责任对他们进行教育，提升其自身的素质。

第三，"工厂委员会"还是无产阶级国家的雏形。"工厂委员会"将在未来成为工人民主的国家形式，成为代替资产阶级议会民主的权力机关。"今天，工厂委员会限制了资本家在企业中的专横，并起了仲裁和纪律机构的作用。明天，这个机构将继续发展并取得新的职能，那时它将成为掌握生产的技术领导和行政领导的无产阶级的权力机关。"也就是说，通过"工厂委员会"这一组织形式，社会主义国家已经潜在地存在于无产阶级的社会机构中，如果把这些机构组织起来构成一个集中的体制，就可以同资产阶级国家分庭抗礼，这种工人民主就能随时准备取代资产阶级国家。因此，对于葛兰西来说，"工厂委员会"既是革命运动的核心，也是未来社会的雏形。

应该指出，葛兰西关于"工厂委员会"设想的创新之处在于他在"工会"概念之外，提出了一种新型的工人运动组织方式。对于葛兰西来说，工会作为工人运动的传统机构，已经不能适应革命运动的蓬勃发展，因为，现代工会虽然能够有效维护资本主义社会内工人的利益，但它在本质上是资本主义社会制度内在的一个基本要素，把日常的职能限定在行政和谈判事宜，不赞成推翻现存社会制度。而且，为了有能力组织大部分工人，以便统治劳动市场，工会需要一批专职官员来办理这些事情，于是便形成一个"工会官僚体系"。而葛兰西则把"工厂委员会"的观点建立于工厂的工人都成为委员会成员这一假说基础之上，这是一种全面的民主。也就是说，工厂委员会运动既应该包括工会成员，也应该包括无组织的劳动者，它的支持者既有社会党党员，也有持其他政治信仰的人。葛兰西的基本思想是：所有工人、所有职员、所有技术人员，以及所有农民，简而言之社会上所有积极因素，不管他们是否参加了工会，也不管他们参加了什么党派，哪怕他们是无政府主义者甚至是天主教徒，只要他们是劳动者，都应当由生产过程的执行者变为生产过程的领导人，变成劳动过程的主人公。

创办《新秩序》

在工人运动的实践中，葛兰西深切地感受到工人群众所蕴藏的巨大力量，同时又深切地感受到一部分社会党领袖是那样的保守与僵化！他心中燃烧着炽热的火焰，对党内改良派犹豫不决、惶恐不安的懦弱表现大为不满。为了摆脱社会领导集团的影响，并对意大利工人运动的实际问题进行积极自由的讨论，1919 年春天，葛兰西与陶里亚蒂、特拉契尼和塔斯卡四位都灵大学的老同学在《前进报》葛兰西的办公室商量创办一份新的期刊——《新秩序》，他们希望这个刊物能够成为对劳动者进行革命教育的工具，使工人具有文化，批判地意识到自己的人格和历史作用，从社会党改良派碌碌无为的陈词滥调中解放出来，真正投入具体的革命斗争中来。

1919 年 5 月 1 日，《新秩序》正式出版，由塔斯卡任主编，报头下署有"编辑部秘书"安东尼奥·葛兰西的名字，人们评价《新秩序》是"在意大利出现的唯一的马克思主义革命新闻事业的文献，它具有一定的思想严肃性"。然而，《新秩序》的最初几期却让葛兰西颇为失望。按照葛兰西的设想，新的刊物应该力求探寻意大利工人运动中体现"苏维埃"思想的特殊道路，从而指引意大利革命运动发展的基本方向，然而，主编塔斯卡却拒绝了葛兰西的建议，认为葛兰西的想法不符合"善良、和平的意大利社会党家庭的优秀传统"，因此，《新秩序》最初的几期仅仅成为"文选"，倾向于发表令人惊奇的短篇目小说和立意新颖的木版雕刻，既没有纲领，也没有中心思想，而只是关于文化问题的抽象评论。

平心而论，在创刊之初，几位年轻的社会党人（塔斯卡27岁、葛兰西28岁、陶里亚蒂26岁，特拉契尼24岁），谁也没有对"我们是些什么人？我们代表谁？我们有些什么新的主张?"等问题有明确的答案，出于对无产阶级文化"模模糊糊的理解和向往"，几位年轻人聚集在《新秩序》这一共同的旗帜下。随着刊物的发展，几位主编者之间的矛盾渐渐凸现出来，尤其是在葛兰西与塔斯卡之间出现了严重的分歧。一位同《新秩序》创始人长期交往密切的朋友皮耶罗·戈贝蒂从个人性格的角度描写了两人的分歧：塔斯卡"参加政治运动以前，主要进修文学，他具有宣传家和传教士的头脑……他把人民的解放理解为天启论的复活，把对工人中小资产阶级品德的幻想放在现代文明之上，这种品德来自先辈的中庸习惯和在家庭花园中的安静生活"；而葛兰西，他"头脑比身躯发达……发言尖锐得像是要批倒一切，讽刺掺杂着嘲笑，具有严格逻辑性的推理减少了幽默的风趣……他的反抗有时是出于不满，有时又是出于撒丁人内心深处的愤怒。这种愤怒如果不用行动是不能发泄的"。

　　无论如何，葛兰西与塔斯卡分歧的焦点在于，塔斯卡倾向于把《新秩序》办成一份反映现代左翼与前卫思潮的文化刊物，它将与现实的政治斗争保持距离，以一种超然的姿态反映现实并对现实世界进行批判，一言而蔽之，塔斯卡希望《新秩序》的读者是受过社会主义思想熏陶的知识分子和党的高层领导人。而葛兰西则主张《新秩序》应该是工人的刊物，反映意大利工人阶级在战后革命浪潮日益高涨的情况下愈来愈具体、愈来愈迫切的新任务和新要求。他这样写道："工人们为什么爱《新秩序》报呢？因为他们能从报纸上的文章中找到他们的理想和愿望，因为他们感觉到，《新秩序》报的文章所谈的问题也正是他们所最关心的问题：'怎样才能取得自由？怎样才能实现我们自己的理想？'因为《新秩序》报的文章不是冷冰冰讲大道理的文章，而是我们和先进工人讨论的产物，这些文章反映了都灵工人阶级的感情、意志和真正的愿望，我们去发掘他们的思想，并极力去支持它们。"

经过斗争与讨论，几个月后，《新秩序》实现了"编辑方针的转变"，葛兰西在陶里亚蒂和特拉契尼的帮助下替代塔斯卡出任主编，使这个刊物有了新的方向和新的特征：每期都刊登理论文章、实际建议，以及从俄国、法国和英国工人阶级报刊翻译过来的有关工厂生活和工人运动的文件和资料，研究俄国革命和西方工人运动的经验，并越来越清晰地把理论和实践的焦点转到"工厂委员会"这一中心问题上。

"时钟罢工"

葛兰西坚信"革命的进程应该在进行生产的地方即工厂中完成",他在《新秩序》上提出的"工厂委员会"的设想虽然遭到改良派工会领袖以及工会中的"达官贵人"的强烈抵制,但受到底层工人的热烈欢迎。1919年9月,"菲亚特-布雷韦蒂"工厂的两千名工人选举了车间委员,从此第一个工厂委员会诞生了。接着,"菲亚特-琴特罗"工厂的工人也选举了车间委员,到这年秋天,工厂委员会运动迅速扩大,形成"扎根于广大群众之中的无产阶级机构网",都灵三万多工人,包括"菲亚特-林戈托""菲亚特-迪亚托""萨维利亚诺"和"兰卡"等工厂的工人都成立了工厂委员会,证明了"工厂委员会"不仅是一种理论设想,它同时可以作为实际斗争的组织原则。葛兰西这样描述工厂委员会的力量:"社会党支部掌握了群众运动的整个机器,在它的命令下,各工厂委员会没有经过任何准备,在一个小时内就动员了十二万名工人,他们按工厂排好队。一个小时之后,无产阶级的队伍以雪崩之势涌向市中心,把广场和街道上的所有民族主义和军国主义歹徒都驱散了。"

工业家和资本家们开始对"工厂委员会"运动产生恐

惧，感受到工人运动的巨大威胁。1920 年 3 月，工业家们聚集在米兰，制订了对工人展开进攻的具体计划并立即实施。很快，都灵城内就驻满了警察，周围重要的战略地点也都进行布防。葛兰西在 1920 年 4 月 3 日的《前进报》上警觉地对都灵的紧张形势进行了报道："今天的都灵是个设防森严的工事，据说这里有五万名士兵，他们在山上架起了大炮，乡村还有增援部队，城里备有装甲车；在私人住宅的房顶上，在传说准备起义的市郊以及桥头、交叉路口和工厂附近架起了机关枪。"资本家们严阵以待，随时准备对工人运动进行血腥镇压。

无论如何，1920 年 4 月 13 日都灵还是爆发了大规模的罢工，史称"四月罢工"或"时钟罢工"。之所以叫"时钟罢工"，是因为罢工的起因是劳资双方在恢复所谓的夏季时间——把时针拨快一个钟头——问题上发生冲突。工业资本家希望工厂按照意大利实行的夏令时间安排工作时间，而菲亚特所属的机械工业车间的委员们则要求继续按照太阳时安排工作时间，坚持工厂打钟的时间不改动。针对双方僵持不下的局面，厂主联合会书记奥列维蒂扬言，"工厂中不能同时存在两个权力机构（资本家和工厂委员会）"，资本家联合会决定借机对工厂委员会运动发起攻击。他们以"擅自改拨时钟"为由，集体解雇了工厂委员会的成员。菲亚特厂的工人以罢工表示抗议，工业资本家立即进行反击，他们关闭了工厂，随后军队开进了工厂。全省所有企业的三十万工人都参与了罢工，邮电和运输业陷于瘫痪状态，冲突日益尖锐化。最后，斗争的焦点集中到工厂委员会问题，资本家不承认工厂委员会，要求解散这一工人组织，并且对工厂委员会的委员职能和人选进行限定。工人认为，工业资本家的这一要求是对工人自由选举权利的践踏，他们坚持捍卫工厂委员会，坚持通过工厂委员会来实现对生产的监督和对工厂的管理。

都灵工人是在完全孤立的状态下与资本家进行斗争的，都灵社会党支部曾经号召进行一个巨大的全国性总罢工，但是遭到社会党几乎所有领导人的反对，甚至有人指责都灵工人不遵守纪律，在革命时机尚未成熟之时挑起战争。事实上，根本原因在于，工厂委员会的斗争要求已经完全超出了社会党改良派将斗争仅仅限于经济领域的原则，不仅如此，他们还对都灵的工厂委员会运动进行诋毁和嘲笑，批评葛兰西及其朋友"缺乏头脑"。因此不难想象，以工会官僚主义为核心的改良派是如何竭力阻挠意大利其他地区的工人群众效法都灵的榜样，使工厂委员会运动仅仅限于都灵一个地方。尤其是，当都灵工人与政府和资本家的斗争达到白热化的时候，被改良派把持的社会党中央机构一点也没有想办法帮助在都灵奋战的工人们，甚至没有印发一张传单向意大利人民解释都灵劳动人民斗争的意义，相反，他们幸灾乐祸地预言这个运动将要遭到种种失败，其实正是他们自己在企图造成这样的结果。改良派称都灵的工厂委员会运动的领导者为"冒险分子"，甚至指责他们"在错误的时间接受了企业家阵线的挑衅"。总之，都灵的无产阶级被改良派领袖彻底抛弃，他们只能依靠自己的力量，单独面对意大利资本主义及其国家机器的镇压。

1921年4月，都灵菲亚特工厂的工人在经过长期的罢工之后被迫恢复工作，他们之所以不得不这样做，是因为劳工联合会的领导者们抛弃了他们，工业资本家和工会之间达成了一项协议，这一协议中，政府承担了大部分责任，而工会在工业系统中得到了更多的承认，工业家则在经济上对工会成员作出了让步。这一协议成功地将有组织的工人运动统一纳入国家机构之内，而这正是葛兰西所担心的，根据葛兰西的理论，对工厂的占领本应成为革命浪潮的最高峰，而实际上则以改良主义工会领导力量的加强而结束。他愤怒地指责工会成为资本主义议会制度的坚定拥护者，并为都灵工人阶级在最困难的时刻被社会党抛弃感到难过，赞扬都灵工人阶级"永远站在前头，站在先锋队里：然而在最近的一场搏斗中他们再一次被孤零零地抛开了，可是要知道，他们毕竟是有血有肉的人，他们不会不知道，他们单独地斗争，是不能战胜比他们强大好几倍的敌人的"。

社会党内部纷争

意大利社会主义运动，特别是在初期，是作为对反动与暴虐的政治制度、对剥夺劳动群众一切权利的制度表示强烈抗议而发生和发展起来的。正因为如此，它具有广泛的人民性质，同时，大批小资产阶级知识分子以及一些因国家经济政治落后而受苦、于是起来反抗这种落后的资产阶级激进分子，也都投入了这一运动中。当时，社会党内的著名领导人有以下几位：康斯坦丁诺·拉查理，社会党书记，排字工人出身，典型的最高纲领主义者；菲利浦·屠拉梯，社会党的实际创始人，改良派社会主义的代表，倡导议会选举制，其名言是"议会之不同于苏维埃正如城市不同于野蛮部落"；尼古拉·博姆巴契，最高纲领主义者，法西斯执政后，投身于墨索里尼；塞拉蒂，社会党实际领袖，他在墨索里尼被开除出党后接任《前进报》编辑，在大战时期领导社会党有显著的成绩，靠拢共产国际，但拒绝清党和改革社会党，主张调和党内各派矛盾，以维持表面的团结。

以上便是社会党的构成情况，这种状况决定了意大利社会党是一个内部矛盾丛生，各派纷争不断的党，每当革命遇到困难而需要党作出决策的时候，党内总是吵吵嚷嚷，意见纷呈，而这些纷争又常常夹杂着种种复杂的情绪与动因：爱国主义、地方主义、工团主义、民族主义等等，使得本就复杂的立场观点变得更加纠结。更有甚者，即使在某一派别内部也常常是各种观点彼此交织渗透，党中有党，派中有派。这种组织紊乱、纪律性差以及党员成分复杂的状况使得意大利社会党在思想理论问题上始终处于混乱状态，人们漫无止境地争执，无法在实际行动中达成一致。大体上，在意大利社会党内部，主要存在三条政治路线。

其一，改良派代表着社会党的右翼。改良派最主要的政治主张是淡化阶级斗争，鼓吹被压迫者与压迫者进行阶级合作，反对把暴力作为夺取政权的唯一道路的原则。在政治上，改良派完全屈从于资产阶级民主制度，甘心做"议会党"，拒绝革命的主张和要求，主张社会党应该在现存的经济法律框架下改善社会及工人的命运。对于意大利社会党改良派的立场，葛兰西一语道破其本质——"当改良派和机会主义者必须在苏维埃共和国和资产阶级共和国之间、在工人的民主和自由主义的民主之间作一个选择时，他们总是选择资产阶级共和国，选择自由主义的民主"。

意大利社会党的改良派掌握着全国总工会、合作社等重要的群众组织，在与资本家的斗争中，改良派仅仅满足于将斗争的要求限于经济领域——改善工人待遇，增加工资，减少工时，等等，在政治上缺乏积极的口号和要求。改良主义者在工人们占领工厂时所表现出的行径，便是他们背叛工人利益的典型例证。1920年8月，由于工厂主拒绝接受工人关于改善自己物质状况的要求，为回应工厂主的挑战和歇业行为，伦巴第、皮蒙特、利古里亚及意大利其他地区的工人，不得不占领这些企业，以防止其停工。改良派控制的全国工会不仅没有将工人运动发展和转变为政治斗争，反而主动与资本家谈判，劝说工人将工厂归还给资本家。这样，工人占领工厂的行为本来应为革命过程的下一步铺路，然而，工会却在工人运动发展到下一步骤之前便将其破坏掉了。

其二，最高纲领主义代表着党内的中间路线。这一派别并不缺少革命的辞令，比如他们也坚持革命的主张，认为社会变革只能通过阶级斗争和暴力革命的方式才能实现，宣称要"用暴力自卫来反对资产阶级暴力，并夺取政权和巩固革命成果"。但这些并不能掩饰这一派别在行动上的消极与怯懦。最高纲领派的主要特点是崇拜自发性和宿命论，即是相信革命似乎是自己发生的，认为革命只需等待，随着社会经济不断向前发展，资本主义内在危机必然不断加深，届时马克思所预言的无产阶级革命的时代会像火山爆发一样不可阻挡地到来。按照塔斯卡的比喻,最高纲领主义具有一种"等待心理,一种在垂死者(资产阶级)枕边的继承人心理,它认为甚至不需要缩短垂死者的弥留时间"。最高纲领主义沉湎于高谈阔论,愿意高唱革命进行曲,但又不愿意提出实现革命计划的方法,按照塔斯卡的另一比喻,"由于在等待万无一失的遗产,意大利政治生活变成了永恒的筵席,未来革命的资本消失在谈笑狂饮之中"。

葛兰西对最高纲领派分子的高谈阔论也十分反感,他说:"革命需要头脑清楚的人,需要能做事的人,这些人需要操心面包店经常有面包卖,火车准确地按照时刻表运行,这些人得把原料供给企业,得有本领在国内组织工业品和农产品的交换,得保障公民的自由和人身安全,得保护他们免遭强盗的袭击,得保障全国整个社会生活的正常发展,而不是使人民陷于失望,陷于毫无理性的自相残杀。如果有谁企图用虚浮的热情和不着边际的漂亮词句来解决其中的某些问题,那么即使只限于一个几百名居民的乡村,也会闹出笑话(和引起眼泪)。谁要是全部活动仅限于漂亮的辞令、滔滔不绝的空谈、浪漫的热情,那他就是一个蛊惑家,而不是一个革命家。"

其三,激进的革命派是社会党内的左翼。在这一阵营,主要有两个影响较大的派别:一个是葛兰西领导的新秩序派，其所倡导的"工厂委员会"运动在都灵的工人中享有较高声望，然而，在意大利国内其他各个地区，他们的影响却因为改良派的阻挠而默默无闻。另一个和"新秩序"不同，但拥有全国规模的组织基础的左翼派系，它就是那不勒斯工程师波尔迪加所领导的抵制派。与拥护议会制的改良派不同，波尔迪加认为，有产阶级有时给被剥削者以投票的权利，这不仅不能促使劳动群众进步，反而会扑灭他们的革命热情，使他们产生利用资产阶级代表机构来发展自己的幻想。只有彻底放弃这一幻想，坚定必须用暴力夺取政权的信念，无产阶级才能下定决心全力以赴地克服各种阻力，投身于革命的浪潮之中。因此，波尔迪加主张坚决抵制资产阶级选举制度，放弃无产阶级的投票权，拒绝一切形式的政治参与，彻底与资产阶级划清界限。波尔迪加曾经领导出版过另外一本左翼刊物《苏维埃》，定期刊登俄国革命方面的消息，但缺乏对于俄国革命经验的理论分析和阐释，至于如何将俄国革命的经验运用于意大利的具体情况也就更加无能为力了。

应该指出，除了共同反对改良主义者外，葛兰西同波尔迪加几乎在所有问题上都有分歧，包括工厂委员会、革命党问题和社会党人对选举的态度。波尔迪加认为，工厂委员会在本质上是工团主义，它重复了那种以为在资本主义还掌握着国家政权的时候，无产阶级就可以通过在经济关系中赢得阵地来解放自己的错误。最为关键的是，波尔迪加认为工厂委员会与无产阶级政党是对立的，他主张建立一个"纯粹的"、由少数最坚定分子组成的政党。而葛兰西则强调建立政党需要广泛的群众基础，为此需要建立像工厂委员会那样的新组织形式。在党内团结问题上，波尔迪加坚决主张把那些否认用武装斗争的方法反对资产阶级和建立无产阶级专政的人开除出党，他明确主张分裂："据我们看，一次明确的分裂最为有价值。首先可以各就各位，大家都会清楚，谁是共产党谁不是共产党，再也不会弄错了。"对此，葛兰西并不认同，他坦率地指出："在弃权主义的狭小基地上是不能建成政党的。需要广泛联系群众，为此必须建立新的组织形式。"至少在 1920 年 5 月之前，葛兰西并不主张建立一个独立的新党，认为左翼分裂并不是一条正确的路线，他仍然希望社会党可以团结大多数，在团结的基础上对社会党进行有机的改造，尽量避免分裂。

共产国际的介入

列宁领导的共产国际成立于 1919 年 3 月，成立之初，里戈里·季诺维也夫曾经写信邀请意大利社会党加入共产国际，然而，意大利社会党方面的回应并不积极，并没有派出代表参加共产国际的成立大会，对是否加入也犹豫不决。当时的社会党主要领导人屠拉梯甚至轻蔑地认为"苏维埃"这个词"具有妖术般的含义"。因此，党内占据上风的改良派对莫斯科方面的回答是：意大利社会党需要的是建立无产阶级国际，而不是莫斯科国际。

随着俄国革命形势的不断明朗，越来越多的人被俄国革命所吸引，意大利社会党对待共产国际的态度也发生了变化。1919 年 10 月 5 日到 8 日，意大利社会党在博洛尼亚举行了全国代表大会，这是一次明显的向左转的大会，不单社会党中的左翼，甚至以改良派为代表的社会党右翼也投票赞同社会党加入列宁领导的第三国际。

1920 年 7 月 19 日，共产国际第二次代表大会在莫斯科召开，主要讨论的议题便是各个国家的社会党组织加入共产国际的条件。在这次大会召开之际，苏维埃红军已经决定性地战胜了高尔察克、邓尼金和乌兰格尔的反革命武装，俄国革命派的热情空前高涨。相比之下，欧洲的共产主义事业则遭到了重大挫折。改良主义温和派面对蓬勃的革命运动形势并没有表现出强大有力的组织才能，不能在战后如火如荼的工人运动中发挥领导作用，一味妥协与让步使得工人运动一次次遭到挫败，并且，在工人运动的关键时期，改良主义总是倒向资产阶级民主制度，背叛工人阶级。因此，共产国际第二次代表大会的基本路线就是向社会民主党宣战。大会确定了加入该组织的条件（所谓"二十一条"），其核心要求有两点：其一，一切政党都改名为共产党；其二，所有会员均应在思想和行动上赞同共产国际的革命纲领，按照国际的指令行动。基于以上两点要求，共产国际要求意大利社会党必须开除改良派。

以最高纲领派领导人塞拉蒂为主导的意大利社会党代表团对共产国际关于立即开除改良派的主张表示忧虑，他始终认为，党不应该成为政治斗争的牺牲品，党需要统一，如果有人应该被开除出党，那不是因为"左"或"右"的派别，而是其本人置身于党的事业之外。无论如何，塞拉蒂还是对共产国际的要求作出了让步，他主张对党内改良派分子要区别对待，还提出要有条件、分步骤地清党，从而避免因为党的分裂而导致无产阶级力量的削弱。塞拉蒂在7月30日的会议上说："我认为，需要考虑每个国家的特殊条件……同志们，我问你们：假如我们今天返回意大利就面临反对势力的疯狂反扑，假如帝国主义已作好向我们发动进攻的准备，执委会的同志们，你们能在这种形势下劝我们分裂吗？不能，尊敬的同志们，让意大利社会党自己来选择清党的时间吧！我们全体向你们保证，我们将进行清党，但让我们有可能以一种对工人群众、对党、对我们正在意大利准备进行的革命有利的方式进行清党。"面对意大利代表团的不同意见，列宁丝毫没有让步，他以确凿无疑的声音回答："我们应当告诉意大利的同志和一切有右派的党：这种改良主义倾向与共产主义毫无共同之处。"

与此同时，波尔迪加的"弃权派"也受到了列宁的批评。早在《共产主义运动中的"左派"幼稚病》中，列宁就谴责过波尔迪加所代表的议会"弃权派"，说他们"从对屠拉梯之流先生们所作的正确批评中作出了错误的结论，以为凡是参加议会都是有害的。意大利'左派'并不能拿出丝毫有分量的论据来辩护这种观点。他们简直不知道（或故意忘记）国际上有过这样的范例，即以真正革命的共产主义的方式利用资产阶级议会而对于准备无产阶级革命又确实是有益的"。列宁主张在议会内进行斗争来反对议会，因为，如果站在议会外面，人们是无法揭露议会的阴谋，并向其他政党宣传自己的政治观念的。列宁肯定激进派想要打垮资产阶级议会的斗争意愿，但他提醒他们，打垮资产阶级议会不是一蹴而就的，而需要长时间的艰苦斗争和准备。无论如何，列宁反对"弃权派"简单抛弃议会斗争的做法，他告诫他们"议会是阶级斗争的舞台"。

对于葛兰西，尽管没有"新秩序"的代表参加 1920 年召开的共产国际第二次代表大会，但是，他关于"革新社会党"的主张获得了列宁的肯定，认为这里表达的观点同共产国际的方向是符合的。然而，与列宁坚决主张开除改良主义分子的主张有所不同，葛兰西对于社会党即将面临的分裂局面表示忧虑，他仍然认为，应作的工作是对基层进行共产主义宣传教育，积极争取工人加入社会党，壮大党的力量。与此同时，葛兰西与"新秩序"内部成员的分歧也日益明显。当时，波尔迪加为了加快同社会党的分裂进程，曾经要求社会党人拒绝参加即将在 1920 年 10 月 31 日和 11 月 7日举行的行政选举，否则便宣告辞职。"新秩序"的陶里亚蒂、特拉契尼和塔斯卡坚决反对都灵的工人运动受无政府主义和工团主义的影响，他们主张参加选举，但反对从社会党分裂出来，而主张孤立右派，争取党内大多数。葛兰西与塔斯卡和陶里亚蒂、特拉契尼曾经就"工厂委员会"与工会的关系问题产生严重分歧，在这次关于选举问题的争论中，葛兰西虽然也反对波尔迪加的偏见，赞成社会党人参加选举，但又不愿意同特拉契尼和陶里亚蒂一起列入候选人名单，因此拒绝对于此问题进行投票，而主张建立一个介于两派之间的共产主义教育小组。这次都灵支部内部的斗争以陶里亚蒂所代表的"选举主义者"获胜而告终，支部内部投票的结果是陶里亚蒂派得四百六十六票，"弃权派"得一百八十六票，而葛兰西则因为两方面都不赞同而在"新秩序"中受到孤立。从这时起，陶里亚蒂当选为都灵支部书记，直到里窝那大会。

缔造共产党

1921 年 1 月，社会党在里窝那召开了第十七次全国代表大会，会议的中心议题是意大利社会党如何应对共产国际提出的"二十一条"。在大会前两天，《新秩序》刊登了由季诺维也夫和布哈林联合签署的共产国际执行委员会致里窝那代表大会的贺电："意大利的整个形势不允许对改良主义作任何原则上的妥协。为了意大利无产阶级和世界革命最深远和最重要的利益，必须同改良主义那样一种倾向彻底决裂。"这与其说是一封"贺电"，不如说是一封"指示信"，共产国际向社会党的革命派、向党内的共产主义者提出了两条道路：或者是使社会党挣脱改良派的锁链，或者是当最高纲领派的党中央阻挠这样做时，就马上着手建立真正革命的工人阶级政党——共产党。

在组织与宣传上，社会党左翼为这次大会作了许多准备。1920 年 10 月 14 日，社会党内的共产主义派在米兰召开了一次会议，发表了共产主义派纲领宣言，本巴奇、波尔迪加、福蒂基亚里、葛兰西、米西亚诺、波拉诺、雷波西和特拉契尼代表各小组签了字。不难看出，这仍然是一个由不同立场的左翼成员构成的派别，葛兰西代表"共产主义教育小组"，波尔迪加代表"弃权派"，特拉契尼代表以前的"选举派"，波尔迪加及其集团在该派中占据优势。在这个共产主义派别中，各方观点仍然存在分歧，在它们中间，那些已给社会党带来极大危害和破坏了党的活动的抽象革命主义和煽动性的过激主义的残余仍然非常强烈，但是他们在忠于共产国际提纲方面找到了共同点。就此，他们发表了一份宣言，内容共有三点：（1）参加共产国际；（2）改变党的名称；（3）开除所有反对共产主义的人。他们还创办了一份日报叫《共产主义》，由波尔迪加任主编，后来改由陶里亚蒂任主编。

即使在这个时刻，葛兰西仍然试图争取意大利社会党的大多数，主张共产党人应该"力图广泛地组织起来，力图取得对社会党和劳动总联合会的领导权"。然而此时，列宁撰写了《关于自由的假话》，以俄国十月革命前夕季诺维也夫、加米涅夫、李可夫、诺根、米柳亭这些著名布尔什维克主义者所表现出的动摇和对孟什维克表现出的让步为例，指出意大利正是面临这种局面的时候。列宁认为，在这样的时刻和这样的情况下，即使那些表现犹豫的优秀共产党人因为害怕分裂而离开党的领导地位，党也只会百倍地强大起来，而不是削弱下去。至此，葛兰西才下定决心，第一次表示同意左翼分裂。他写道："为已经发生的和无可挽回的事件哭泣是可笑的。共产党人是，而且应该是冷静的思想家，如果（在社会党内）一切都无希望了，就必须从头干起，就必须重新建党，就必须从今天起把共产主义派看成是一个名副其实的党，看成是共产党的牢固基础，并热爱它。"

在里窝那代表大会上，代表共产主义发言的特拉契尼同最高纲领派和改良主义派进行了激烈的论战，对于最近国内那些促成党必须实行根本改革的大事，都作了一番扼要的评述。在大会最后的表决中，塞拉蒂主张有条件接受共产国际的"二十一条"，但不开除改良主义者的提案占据上风，获得98028票，葛兰西、波尔迪加领导的共产主义派主张无条件接受共产国际的"二十一条"，要把改良主义者开除出社会党的提案获得58783票，屠拉梯等改良主义者提出的拒绝接受共产国际的"二十一条"的提案获得14695票，占第三位。因此，社会党的领导权仍然掌握在塞拉蒂手里。在这种情况下，阿马德奥·波尔迪加站起来宣布共产主义者退出社会党，于是，共产主义派的代表高唱着"国际歌"退出了会场。他们转移到里窝那圣马可剧院，在那里召开了意大利共产党的第一次代表大会，成立了新的意大利共产党。

在内心深处，葛兰西为没有能够争取到社会党中的大多数人而感到惋惜。1924 年，他回顾这次分裂时，颇有些无可奈何："我们失败了，因为政治上组织起来的无产阶级大多数人认为我们是错误的。他们没有支持我们，尽管我们有我们所依赖的第三国际的极大权威性的支持。我们不会进行系统的宣传，未能使社会党每个小组及其成员都动脑想一想；我们不会用意大利每个工人和农民都能理解的语言来解释 1919 年至 1920 年期间意大利发生的每个事件的意义。"当然，葛兰西并不是一个因为挫折就丧失勇气与信心的人，他很快就将精力转到共产党的建设上来，他清楚地知道，共产党的建立不等于党的问题已经完全得到解决，而意味着一个新的革命阶段的开始，真正艰巨和重要的任务还在后面。他这样写道："我们不应该抱有幻想。目前意大利工人运动在组织上仍处于混乱状态，思想上还不够成熟，还没有能力胜利地进行政治斗争，对于解决实际问题还是毫无准备——这一切情况并不是单单建立了一个新的政党就能改变……共产主义派在变成一个政党之后，应该履行自己的历史任务：组织革命力量以引导意大利工人阶级走向胜利，并且建立工人阶级的国家。"

派驻莫斯科

意大利共产党成立后，阿马德奥·波尔迪加成为该党绝对的领袖，葛兰西成为第一届中央委员。事实上，这个新成立的政党在一开始就带有宗派主义特点，在中央委员会的成员中，有八名来自波尔迪加领导的《苏维埃》杂志社，五名来自最高纲领主义派，新秩序派只有两个人——葛兰西和特拉契尼。执行委员会则由波尔迪加、福蒂基亚里、格里埃科、雷波西和特拉契尼组成，其中前四人均属于波尔迪加集团，而葛兰西则被排除在外。

共产党成立之后，有两件事让葛兰西感到不快：其一，在第一届中央委员的选举中，为了阻止葛兰西当选，一些宗派分子翻出 1914 年葛兰西 23 岁时写作的《积极的和有行动的中立》一文，指责他与墨索里尼沆瀣一气，这种基于人身攻击的有意曲解令葛兰西十分愤慨；其二，在 1921 年 5 月 15 日共产党成立后的第一次政治选举中，葛兰西落选了。尽管葛兰西分析问题深刻敏锐，对俄国革命和意大利的形势有着独特的见解，他的智慧和知识更深深地吸引着青年知识分子。但是，葛兰西身材矮小赢弱，又是驼背，更缺少政治家的雄辩口才，而普通工人群众却更希望有一位精力充沛且坚强有力的领导者，葛兰西的外表让人们对他的能力感到怀疑。

如果说，个人在共产党内的地位问题只是让葛兰西有些沮丧的话，那么，新成立的共产党与共产国际的关系则更加让他感到忧虑。在里窝那分裂之前，列宁曾经热切期待在欧洲也能发生像俄国那样的革命，他坚决主张开除社会党中的改良派，纯洁革命队伍，为此甚至与意大利社会党的领导人塞拉蒂发生争执。然而，也正是在这个时候，列宁说过一句意味深长的话："为了顺利完成革命和捍卫革命，意大利的党应该再向左迈一大步（丝毫不要束缚自己的双手，也不要忘记，以后情况很可能要求向右迈几大步）。"以波尔迪加为代表的社会党左翼接受共产国际的领导，坚决地"向左迈了一大步"，脱离了社会党，成立意大利共产党。然而，随着欧洲革命局势的不断变化，反动势力发起反攻，工人运动处于低潮，共产主义运动在德国以及捷克斯洛伐克等国先后失败，这时的首要政治目标已经不再是夺取政权和建立无产阶级专政，而是联合一切左翼政党，共同与资产阶级反动政府和在此时兴起的法西斯主义进行斗争。因此，1921 年6 月至7 月召开的共产国际第三次代表大会指示各国共产党要注意联合中间派别，建立统一战线来抵抗反动派的进攻。

对于共产国际的这一指示，波尔迪加感到难以接受。因为，毕竟此时距离意大利社会党的分裂仅半年时间，这时"向右迈几大步"，再次与社会党结盟无疑意味着里窝那的分裂行动是不合时宜的举动，等于自己承认这一分裂是犯了一个错误。因此，波尔迪加拒绝执行共产国际的指示。1922年1月，在罗马举行共产党第二次全国代表大会，波尔迪加依然坚持以前的立场，在他所提出的提纲中不仅对意大利形势没有加以分析，甚至连对法西斯势力即将掌握政权的威胁也只字未提。会议通过了著名的《罗马提纲》，这个提纲充分体现了波尔迪加的思想：一是无情地批判资产阶级左翼的纲领以及反对社会民主党企图以参加议会来解决社会问题的任何活动；二是不支持、不参加任何派别的"统一战线"。

只有葛兰西充分理解列宁方针的辩证性，理解列宁所说的"你们先同屠拉梯分离，然后再同他结成联盟"这句话的深刻含义。在意大利共产党内，葛兰西是第一个看出法西斯威胁的人，早在1921年4月26日，他就发表了一篇题为《基本力量》的文章，指出法西斯"是意大利社会深刻解体的名字，同它结伴而来的必然是国家的深刻解体"。基于对意大利局势的判断，葛兰西认为法西斯主义的胜利将导致民主自由的终结，从而给予工人运动以沉重打击，因此他主张当前党的任务已经不是为政权而斗争，而是与社会党及一切民主力量结成统一战线，保卫民主自由制度。因此，他建议共产党支持"人民勇士"这样的民间反法西斯组织，但是，波尔迪加等人却坚持共产党应有自己的抵抗组织，不应同其他人混在一起，这实际上是不想鼓励和领导人民参加反法西斯的斗争。为了避免在共产党内部引起新的危机和新的分裂危险，避免在革命运动中造成新的骚动和不安，葛兰西没有公开反对波尔迪加的提纲，只是在意大利共产党第二次全国代表大会前夕召开的都灵共产党支部大会上发表了他的意见。

1922年，党决定派葛兰西以第三国际代表的身份到莫斯科。有人认为这是波尔迪加为了避免令人窘迫的批评而作出的人事调整，但证据并不充分。事实上，前往莫斯科对葛兰西来说意义重大，他会见了列宁、斯大林，与俄国革命的主要领导人物——季诺维也夫、布哈林、托洛茨基都有过深入的交谈。陶里亚蒂在他的回忆录中这样评价葛兰西在苏联的活动："1922年至1923年，葛兰西寄寓苏联的一年时间，使他得以进一步钻研布尔什维克主义。他深入地研究了布尔什维克党和俄国革命的历史，向列宁和斯大林学习；他在列宁和斯大林的学校里、在布尔什维克党和共产国际的学校里锻炼成为党的领袖。"

第3章

反法西斯斗士：葛兰西的被捕、审判
与狱中生活

共产国际"四大"

就在葛兰西远在莫斯科的时刻，意大利的时局变得更加严峻，主要表现为法西斯主义势力抬头。最初，墨索里尼主要从退役军人中汲取力量。这些人对战后经济和政治时局不满，由于在和谈会议上意大利失去了他们认为应得的领土，这些人感到他们的民族感情受到了伤害。他们企图把极端的民族主义与对新经济和社会制度的模糊要求结合起来，并越来越频繁地使用暴力手段迫害持不同政见者。随后，为了获取更多支持，墨索里尼同资本家和工业家达成协议，依靠后者提供的武器和金钱共同反对工人运动，煽起人们对革命的恐惧。同时，法西斯党的规模也迅速扩大，1920年有一百个小队，党徒三万人；到1921年11月时，已经剧增到二千二百个小队，党徒三十二万人。身穿黑衣的法西斯匪徒袭击左翼劳工委员会和合作社，他们砸抢民主报纸，毒打、杀害左翼领导人。根据大概的统计，在这一时期被法西斯匪徒杀害的共产党员和左翼人士有六千人之多，铁路工人的领导者兼新闻记者拉万依尼、五金工会总书记费勒罗、共产党市政府委员别鲁蒂都是在这时在光天化日之下杀害的。1922年10月28日，墨索里尼发出"向罗马进军"的口号，法西斯党人通过政变掌权，第二天国王任命墨索里尼组阁，法西斯掌握了国家权力。

这一切都发生在1922年11月5日在莫斯科召开的共产国际第四次代表大会前夕。于是，这次大会面临的问题便是：各工人党和所有的民主党派应该如何回应法西斯主义的一系列暴力行动？是继续分裂下去，还是走向联合，共同反抗法西斯的暴行？季诺维也夫、布哈林等共产国际的领导人一致建议走左翼党派联合的道路，建议社会党与共产党合并，提出"无产阶级结成统一的战线，反对法西斯主义的进攻！恢复工人阶级的统一！同社会党人取得协议，共同行动!"的口号。塞拉蒂领导的社会党完全赞成共产国际的这一"统一战线"方针,他果断地开除了社会党中的改良派,表示了重新加入共产国际的意向。但是意大利共产党领导人波尔迪加和特拉契尼却坚决反对共产国际的新方针。在波尔迪加看来,"向罗马进军"后在意大利发生的仅仅是政府的更换,墨索里尼与传统的资产阶级民主政党并没有本质区别,他完全没有注意到法西斯主义的危险性,甚至提出"墨索里尼同乔里齐是半斤八两"的口号,表明他对现实政治的看法非常肤浅。同样,特拉契尼也毫不在意地把"向罗马进军"和墨索里尼组阁说成"一场略有震动的内阁危机",根本没有意识到法西斯专政的巨大危险,对法西斯的本质缺乏清醒的认识。

葛兰西在莫斯科就"统一战线"问题同共产国际的领导人进行了深入交流,他完全赞同共产国际的这一决定,但是,首先要面对的是波尔迪加等意大利共产党领导人的固执与偏见,他决心尽一切可能帮助共产国际执行委员会来解决意大利问题。事实上,在共产国际第四次代表大会召开前夕,共产国际执行委员会书记马蒂阿斯·拉科西就同葛兰西谈到,如果波尔迪加坚持现在的路线就要被共产国际开除,他运用外交手腕劝说葛兰西取代波尔迪加。葛兰西的表态是:"我要竭尽全力帮助共产国际解决意大利的问题,但是我认为⋯⋯

更换波尔迪加是不可取的,因为从工作能力来讲,他一个人至少顶三个人用。"葛兰西不愿在此时成为波尔迪加的反对派,但他又希望意共能贯彻共产国际关于"统一战线"的决议,这确实十分艰难,"我步履艰难,像行走在热炭上",他这样回忆自己在这段时间的心情与困境。最终,葛兰西想出了一个办法,他建议在社会党内部成立"第三国际派",他们宣布忠于共产国际,这样,共产党就可以与"第三国际派"合并,而不是与整个社会党合并。葛兰西的这个折中的建议无意间使他获得了"狡猾的狐狸"这样的称号。

事实上,两党合并的事情进行得并不顺利。支持合并的社会党领导人塞拉蒂从莫斯科刚回到意大利就被逮捕,而共产党中积极主张合并的塔斯卡则不得不出走瑞士以躲避法西斯分子的迫害。意大利共产党内部,波尔迪加的宗派主义思想仍然是主流,雪上加霜的是 1923 年 2 月 3 日,波尔迪加和格里埃科被捕入狱,共产党的组织在某种程度上处于瘫痪状态。在此情况下,1923 年 6 月,共产国际执委会扩大会议决定解除波尔迪加的职务,重新组建意大利共产党。葛兰西被派往维也纳,他当时 32 岁,共产国际认为,他应该成为意大利共产党的真正领导人。但是由于葛兰西正遭到意大利政府的通缉,因此暂时不能回国,只能前往距意大利较近的奥地利工作。

在狱中的波尔迪加此时开始公开反对共产国际,他写了一份《告意共全体同志书》,建议所有领导人都在上面签名,以宣布同共产国际决裂。波尔迪加的建议得到了特拉契尼和斯科奇马罗的赞同,陶里亚蒂拿不定主意,因为他一方面想坚持党的独立性,另一方面又不愿放弃共产国际强大的物质和精神支持。在被征求意见的领导人中,只有葛兰西毫不迟疑地谴责了这一倡议,他认同共产国际关于党派合并的主张,反对党内的宗派斗争和分裂主义。说服波尔迪加放弃他的建议似乎不太可能,唯一可行的办法是组成一个新的领导集团,以便忠实地执行共产国际的新指示。过去,葛兰西由于顾虑党的分裂,一直不愿公然反对波尔迪加,但现在的情况确实有所不同。既然波尔迪加无法改变他那倔强而固执的个性,那么,为了意大利共产党的健康发展,必须着手重新建设一个与共产国际的路线保持一致、强有力的新领导核心。

创办《团结报》

在维也纳,葛兰西的主要工作是与意大利的党内同志通信,了解国内的信息并向他们介绍共产国际的策略。为了建立新的领导集团,细致耐心的说服工作以及思想上的正本清源是必不可少的。因此，在维也纳逗留的日子里，葛兰西每天至少要写半沓信，反复重申与解释自己的政治主张。他反对党内的宗派主义，意识到像波尔迪加那样精力充沛、性格强悍且有着过人才干的领导者在关键问题上不肯妥协的强硬态度往往使他们失去许多同盟者，导致灾难性的后果。在给陶里亚蒂的信中，葛兰西写道："当波尔迪加这样一个重要的同志坚持向一边倒时，在工人中就会产生对党的不信任，使失败主义抬头。"葛兰西下定决心不再像过去那样妥协，而是同党内的极端分子进行旗帜鲜明的斗争。他写信给斯科奇马罗和陶里亚蒂，表明自己的决心："在我过去所处的条件下，我既没有必要的能力和愿望，也不可能担负起确定新形势的重任。今天，在读过你们的来信之后，我的想法发生了变化：一个有能力开展工作并采取强有力的行动的集团是可以建立起来的。我将与它合作，将作出力所能及的贡献，并做些有益的事情。"

葛兰西对在维也纳的工作感到兴奋与满意，经过一系列的引导与说服，陶里亚蒂放弃了他的保留态度，特拉契尼也转到葛兰西这边来，昔日的战友重新聚集在了一起，同时，杰纳利、斯科奇马罗、阿扎里奥等党的领导者也都表示支持葛兰西。在给妻子朱丽娅的信中，葛兰西兴奋地写道："我收到意大利同志的许多信，他们希望在我这儿得到信仰、热情、意志力和力量。他们相信我是取之不尽、用之不竭的源泉，他们相信我已拥有这份丰厚的礼物，因而我一定能对他们慷慨解囊。"他热情地回信解答同志们的困惑，同时他也深刻地感到，如果有一份报纸同广大党员和群众建立密切的联系，经常给他们指出正确的方向，号召他们去斗争，那该是多么的便利！于是，葛兰西在 1923 年 9 月 12 日写信给意共中央执委会，商讨与共产国际共同创办新机关报的事宜，他审慎地建议将新的党报命名为《团结报》，指出在法西斯主义压迫的黑暗环境中，意大利共产党必须依靠俄国的支持，尽快实现内部的团结，同时团结一切可以依靠的民主党派，共同抗击法西斯主义的暴政。

1924 年 2 月 12 日，《团结报》在米兰创刊，发行量最少时两万份，最多时达七万份。将"团结"作为口号为党的新报命名，表达了葛兰西对党的事业的良苦用心。在发刊词中，葛兰西再次强调，一个团结的形象对党至关重要，只有这样，它才能在领导工人的运动中确立自己的威信，才能使人民群众不至于对党失去信心。工人阶级、工人阶级的党如果不能团结，并像保护最珍贵的财产一样保护这种团结，即聚集在党周围的整个工人阶级的团结、工人和农民的团结、意大利北部和南部的团结、意大利全体人民在反法西斯斗争中的团结，他们就不能完成他们所面临的历史任务：打垮法西斯主义，着手建立新制度的无产阶级专政的政权。"团结"应该成为党的旗帜！

重返意大利

1924年5月12日，在阔别两年之后，葛兰西又回到了他的祖国意大利。之前，在意大利4月6日的选举中，尽管统治阶级采取了暴力与舞弊等手段，意大利共产党在议会仍然获得十九席位，葛兰西当选为威尼托选区的议员，取得了议员免于被逮捕和被起诉的豁免权，可以名正言顺地回国工作。故国的空气让葛兰西感到熟悉而亲切，然而这次回来并不轻松，等待他的是党内外极为复杂的局面。

在党外，法西斯主义更加猖獗，暴力活动频繁发生，葛兰西的大哥杰纳罗也惨遭法西斯匪徒的毒打与迫害，不得不在同志的掩护下逃往法国。在整个意大利，法西斯匪徒横行霸道，到处打人、暗杀、劫掠，不仅工人运动处于低潮，资本主义民主制度也受到法西斯专制的威胁。而在共产党内部，关于"统一战线"的策略仍然得不到贯彻执行，波尔迪加虽然在共产国际的干预下被解除了领导职务，但仍然在各个基层组织中具有广泛的影响力。而以塔斯卡为首的少数派似乎对于共产党内部的斗争更感兴趣，并不急于建立各党派团结在一起的"统一战线"。

1924年5月，意大利共产党在科莫召开秘密书记会议，在此次会议上，葛兰西与波尔迪加和塔斯卡进行了针锋相对的斗争，同时，这次会议也清楚地向葛兰西显示了党内各方势力的力量对比。这次会议主要针对三个提案进行投票表决：第一个提案是由葛兰西所代表的中央委员会新多数派提出的，呼吁意大利共产党忠实地接受共产国际的纲领，同意它的"统一战线"策略，积极地团结起来，消除党内形成的任何派别，在共产国际的指引下，领导工人和农民谋求解放。这一提案得到中央委员会四名成员和四名大区和省委书记的赞同。第二个提案是由塔斯卡所代表的党内右翼少数派提出的，指责中央委员会的新多数派不赞成《罗马提纲》却又按照该《提纲》指挥全党，从而削弱了党支部在群众中的作用，要求意共对其在1921年至1924年间所遵循的策略进行必要的检查。这一提案得到了四名中央委员和六名大区和省委书记的赞同。第三个提案是由波尔迪加提出的，仍然坚持《罗马提纲》的准则，同时，明确表示拒绝担任政治领导职务，坚持认为共产国际的整个方向路线必须进行国际讨论。同其他两个提案相比，波尔迪加这一提案得到了一名中央委员和三十九名大区和省委书记以及青年联盟代表的赞同，取得了压倒多数的胜利。

选举结果表明，葛兰西及其所代表的共产国际主义在共产党的中央领导层得到了较大支持，然而，在党的基层组织，在各个大区和省的中层干部中，波尔迪加路线的支持者为数甚多。葛兰西意识到，他虽然名义上成为党的领袖，但这个党的基础仍然是波尔迪加主义的。用一个比喻，这个年轻的政党，头是共产国际的，而脚却是波尔迪加的，领导层与基层组织脱节使得党在行动上软弱无力。因此，必须用加倍的耐心说服、教育广大基层党员，重新组织党，首先顶住法西斯的反动风暴，然后在资产阶级的自由制度下准备进攻，以便夺取社会主义革命的胜利。

科莫会议之后，葛兰西更加清楚地意识到同以波尔迪加为代表的党内极端宗派主义分子和"左派幼稚病"作斗争的重要性和紧迫性，必须教育和启发年轻的共产党员，引导他们正确理解意大利社会主义运动的使命与任务，尤其是要注重基层党员的思想工作，努力消除波尔迪加的影响，保持党的团结。1925 年 3 月至 4 月，共产国际执行委员会扩大会议肯定了"四大"和"五大"的路线，即无产阶级专政是最终目标，但在意大利应该首先实现过渡性目标，就是要恢复资产阶级民主和自由，共产党领导的无产阶级必须建立最广泛的政治联盟，以取得反法西斯战争的胜利。为了贯彻共产国际的指示，同时确定党在今年斗争中的路线方针，葛兰西决定利用 1926 年 1 月在法国里昂召开党的全国代表大会的机会，彻底清算波尔迪加的极端主义和宗派主义。

自里窝那分裂之后，波尔迪加面对国内法西斯主义的兴起，对待社会党的态度和立场始终没有变化，他低估了法西斯主义的力量，看不到它的持续时间会很长，认为法西斯主义专制与民主资本主义都是同一货色，没有本质区别，斗争策略亦不需要进行调整和改变。波尔迪加拒绝任何战略联合，坚决反对采取任何形式同其他党派结盟，他视社会党为革命的背叛者，视反法西斯的群众民间组织"人民勇士"为乌合之众，不仅不考虑与之联合，相反，对于这些"不纯洁"的政治组织也要进行坚决的斗争。他甚至把法西斯看作资本主义即将崩溃的前兆，顽固地坚持无产阶级应该立即发动起义，并且不需要经过任何民主形式的过渡阶段，而直接夺取国家政权、实行无产阶级专政。

葛兰西则坚持党应该顺应历史发展的潮流，经常同社会运动中的各种社会力量保持联系和对话，认为应该运用各种社会运动及其结果，积极灵活地制定自己的策略。党必须是工人阶级的一部分，而不能像波尔迪加所主张的那样，成为与它所要领导的工人群众相脱离的一个孤立组织。在任何一个国家，无产阶级都不可能只依靠自身的力量夺取政权和巩固政权，它必须寻找盟友，这就是说，它应该推行这样一种政策，这种政策使它能够联合在反对资本主义方面具有共同利益的各个阶层和利益集团，率领它们共同奋斗，推翻资产阶级的统治，实现无产阶级专政。在意大利，团结与联盟问题显得更加重要，因为意大利的无产阶级在劳动者中属于少数，它只有正确处理同农民阶级的关系，才能顺利地进行夺取政权的斗争。尤其是在目前局势下，为了反抗法西斯暴政，必须广泛联合各个进步政党和人民群众的自发组织，形成全民反法西斯独裁的统一战线。

为了尽快引导党走向正确的道路，清除波尔迪加派革命辞藻掩饰下的宗派主义流毒，葛兰西作了大量的准备工作。他在《团结报》的《代表大会》专栏中发表了大量文章和短评，为的是消除误解和成见，澄清形势和前途。葛兰西还参与了许多省委级别的秘密会议，发表讲话驳斥波尔迪加组织的"同心协力委员会"的错误言论。他耐心地对党员进行个别教育，引导他们接受共产国际确定的正确路线。有年轻同志这样回忆葛兰西对他们的教导："晚上我们三三两两陪着他从市中心步行到诺门塔纳大街。在与这个学识如此渊博的人的谈话中，没有任何抽象的议论，没有任何照抄书本的大道理……他讲得很慢，走路也很慢。他字斟句酌、步步深入地讲出自己的论点，画龙点睛地加以评论，并不时地提出问题让别的同志回答。"

在大会召开之前，葛兰西与陶里亚蒂还共同起草了共产党第三次全国代表大会提纲。这个提纲对意大利的形势和共产党的任务作了清醒、冷静的分析，从国家的社会结构和经济结构入手，分析资本主义制度的矛盾以及法西斯在这些矛盾中的地位和作用。确定了共产党在反法西斯斗争中的领导作用，分析了所有可以争取过来加入工农集团的群众力量，并与支持法西斯的资产阶级力量划清界线。此外，提纲还就关于知识分子在党内的作用以及党争取"领导权"的方法这两个问题进行了阐述。最后，提纲建议要努力把忠于第三国际路线与这一路线在意大利特殊条件下的现实结合起来，把群众的参与与维护党的纪律协调起来。

在里昂代表大会上，葛兰西发言四个小时，而波尔迪加发言七个小时，双方展开了激烈的争论。代表们几乎一致通过了葛兰西和陶里亚蒂两人根据列宁主义原则所写的关于反法西斯主义斗争的战略和策略、关于党就南部问题和少数民族问题在工会和农民中进行工作的提纲。从得票结果看，葛兰西与陶里亚蒂的提纲获得了 90.8% 的与会代表赞同，而波尔迪加派仅获得了 9.2% 的支持率，在葛兰西的不懈努力下，波尔迪加的思想与策略方针破产了。"里昂提纲"和这次大会上关于它的讨论，标志着葛兰西彻底战胜了波尔迪加。

马泰奥蒂事件

1924 年 6 月 10 日，发生了著名的马泰奥蒂事件。贾科摩·马泰奥蒂是社会党改良派议员，在新选出的议会第一次会议上，马泰奥蒂发表了一篇言辞激烈的演说，用无可辩驳的论据，向全国揭发法西斯在 1924 年 4 月的选举中所使用的阴谋和暴力，指出其所取得的相对多数票是不合法的。马泰奥蒂的发言反映了一部分社会党改良派在经过长时间的妥协与彷徨退让之后终于觉醒，开始勇敢地面对法西斯主义并与之进行斗争。为了恫吓刚刚觉醒的社会阶层，威胁反对派的代表并发泄对这位勇敢的社会党反对派领袖的憎恨，墨索里尼指使自己的走狗阿美利哥·杜米尼将马泰奥蒂绑架并残忍地杀害了，这事发生时葛兰西返回意大利还不到一个月。

此后，为了控制社会言论，墨索里尼手下的警察还向各新闻机构打招呼，暗示最好不要让马泰奥蒂死亡的消息见诸报端，虽然措辞委婉，但威胁意味十足。不仅如此，身着黑衣的法西斯匪徒还手持棍棒守候在共产党机关报《团结报》等反对派报刊编辑部的门口，用武力威胁编辑人员，并作出随时捣毁编辑部的架势，企图让新闻界对这件事保持沉默。

然而，葛兰西丝毫没有被这种低级的恫吓吓倒，他决定对法西斯的暴行发起舆论攻击。他打电话给《团结报》的编辑，使用《打倒杀人凶手的政府》这样的通栏标题（用最大号的字体）对墨索里尼政府的暗杀行为表示最严厉的谴责。在《团结报》的带领下，各大报纸纷纷刊发声讨墨索里尼政府的文章，出乎那些确信自己掌握了无限权力的法西斯分子意料，火山爆发了，火山喷发出的炽热岩浆形成滚滚洪流，涌向全国各地，震撼了整个法西斯体制。

为了对马泰奥蒂被害事件表示抗议，所有反对派议员都决定不再参加议会会议，他们建立了一个名为阿文汀的集团，联合起来对抗法西斯主义。阿文汀是古罗马七座山丘之一，古罗马时代的平民为反对贵族进攻曾经退守此地并进行有效的反击。为了与墨索里尼的法西斯议会分庭抗礼，各资产阶级民主党派和工人阶级政党暂时联合了起来。葛兰西不顾党内宗派主义分子的阻挠，积极参加阿文汀集团的聚会，这件事使得机会主义者大为恼怒，他们说："怎么啦！共产党的领袖竟同资产阶级的代表、旧自由主义分子，甚至天主教的人士交谈起来了！"然而，葛兰西深知，为了完成目前最主要的任务——推翻法西斯独裁专政，必须建立尽可能广泛的统一战线。葛兰西向十六人委员会（阿文汀集团的执行机构）建议：第一，要想推翻法西斯主义，必须有勇气发动广大人民群众起来斗争，宣布举行政治性的总罢工；第二，成立"对立议会"，宣布自己（反法西斯的反对派）是真正的、唯一合法的议会，宣布墨索里尼的杀人政府和政党为非法，向全体公民宣传不要服从法西斯议会和法西斯政府的法令，并颁布挽救国家的法律。

　　然而，令葛兰西失望的是，反法西斯的阿文汀集团并不是由同样坚决和富有战斗力的党派组成的集体，而是由一些松散的、在行动上犹豫不决、只会在口头上发出空洞的"道义的"抗议的集团所组成，它们对前途充满疑虑，害怕可能出现的工人阶级起义，对动员人民群众广泛参与政治感到恐惧，尤其害怕共产党的力量会因为反法西斯斗争而壮大——"法西斯主义垮台之后情况会变成怎样呢?""万一意大利走了社会主义的路，那又该怎么办呢?"因此，阿文汀集团所采取的行动仅仅是确立一些抽象的原则，在报纸上发表一些空洞的抗议文章，不想离开纯粹的议会斗争方式而进入政治斗争的领域。而这些对于墨索里尼来说，只不过是一些令人讨厌的空话而已，他不无傲慢地声称："当阿文汀集团各派以令人讨厌的空谈转向进行具体活动之日，就是我们让他们为'黑衫队'祭刀之时。"对于阿文汀集团的保守与怯懦，葛兰西称它们是"口头上的巨人，行动上的矮子"。

与墨索里尼面对面

尽管葛兰西一再向阿文汀集团提出共产党的建议——举行政治总罢工，建立"对立议会"，拒绝缴税，等等，但是，这些建议都被阿文汀集团的民主派领袖"恐惧地否绝"了。他们只想把反对法西斯的斗争停留在口头上，一旦需要采取行动，这些自由资产阶级分子就犹豫不前，表现出他们的软弱。在这种情况下，作为共产党议会代表团领导人的葛兰西毅然决定同阿文汀集团的资产阶级政党的怯懦态度一刀两断，他带领十八名共产党议员返回议会，正面迎击法西斯杀人凶手，利用议会论坛——他们仍然能够利用的最后一个合法讲坛——与法西斯头目展开面对面的斗争，斗争围绕着法西斯政府提交给议会的关于取缔"秘密会社"的法律而展开。

议会辩论的场面颇为引人注目：一方是 34 岁的反对派领导人葛兰西，另一方则是 42 岁的、被法西斯分子称为领袖的墨索里尼。两人此前从未有过见面的机会，但彼此却并不陌生。墨索里尼曾对人说："'这个撒丁岛驼背'是位经济学和哲学专家，毫无疑问他有一个思维能力很强的头脑。"而葛兰西也对这个照片每日都会占据官方报纸头版的独裁者深有了解，称他的对手"始终握着带有威胁性的拳头……过去曾经以他固有的凶狠毒辣使资产阶级感到恐惧，如今又使无产阶级感到可怕"，他称墨索里尼是"意大利小资产阶级最集中的典型……既狂暴又凶残"。

这是葛兰西第一次在众议院发表演说，虽然他不具备政治鼓动家那种洪亮的声音和压倒一切的气势，但他那充满逻辑的论证和洋溢着思想激情的观点却使得任何人都不能小视他话语的力量。葛兰西的听众是那些充满敌意的法西斯主义者，包括墨索里尼在内，所有人都紧张地听着从葛兰西低沉的喉咙中讲出的每一个字眼。为了更清楚地听到他那微弱而坚定的声音，所有议员都移到了最左边的座位上。罗马的一家报纸刊登了一张很大的照片，照片所呈现的画面是法西斯政府要员们将手贴在耳后全神贯注听演讲。

在辩论中，葛兰西表现得出奇的冷静。虽然发言不断被墨索里尼和其他法西斯议员打断，但是葛兰西仍然强有力地驳斥了墨索里尼的种种借口和理由，他义正词严地表达了共产党关于取缔"秘密会社"这项法律的立场。"这个法律原来是你们对付工人和农民的'工具'，工农群众对这一点是很清楚的，他们正在注视着你们怎样利用这个'工具'。我们愿意向广大的群众说明，你们决不能把他们有组织的阶级斗争镇压下去，因为意大利社会的整个发展进程是同你们的意志相反的……你们法西斯党徒，你们法西斯政府不管说得怎样漂亮，终归无法克服在你们出现以前意大利社会就已经产生的深刻矛盾，相反地，你们只会使得各阶级和人民群众更强烈地感觉到这种矛盾。你们是在这种充满矛盾的情况下活动的，也正是由于存在这种矛盾你们才有活动的可能。你们向资本主义国家过去的整个发展过程所燃起的大火上浇油，并希望借助取缔各种团体的法律来消除你们所干的事情的严重后果。你们能够'夺取国家'，能够改变法典，你们能够禁止一切组织按照它们以前的形式存在，然而你们对自己所处的客观环境却无能为力。你们只能迫使无产阶级找寻新的斗争道路，同过去最普遍的群众组织方式不同的道路。我们要在这个讲坛上告诉无产阶级和意大利农民群众，意大利的革命力量是不可摧毁的，而你们不可能实现你们的卑鄙阴谋。"

葛兰西的演讲产生了巨大反响。第二天，戈贝蒂在《自由革命》上如此评论："葛兰西的辩证法不是对各种阴谋骗局的抗议，而是完全从黑格尔思想的高度证明资产阶级政府玩弄阴谋骗局是必然会失败的。"据说，墨索里尼会后在众议院餐厅里见到葛兰西时，曾伸出手向他走去，要对他的讲话表示祝贺。但葛兰西若无其事地继续喝他的咖啡，对墨索里尼伸出来的手置之不理。

非 法 逮 捕

  1922 年 10 月 24 日。那不勒斯，圣卡洛剧院。法西斯代表大会在这里召开，来自意大利各地的四万多名黑衫党人集中在维苏威火山脚下，聆听墨索里尼的演讲，由此开启了法西斯在意大利的统治。在演讲中，墨索里尼通过鼓吹民族主义——"古罗马就成了历史上最伟大的帝国，它使（意大利）人感到自豪"而宣传法西斯主义的意识形态，他信誓旦旦地要恢复"古罗马帝国的霸业"，重新确立意大利在红海、地中海和巴尔干的霸权地位。墨索里尼还提出以"恢复古罗马的光辉业绩"为口号的政治纲领，从而为法西斯主义赢得民众的广泛支持奠定基础。1922 年 10 月 27 日至 28 日，墨索里尼在"维苏威"饭店的凉台上发出"向罗马进军"的口号，法西斯分子的队伍沿着通往"永恒之城"的各条道路，在没有遇到任何妨碍和抵抗的情况下，浩浩荡荡地开进了罗马。10 月 30 日，墨索里尼以新首相的身份走出罗马火车站，法西斯夺取了国家权力。

  颇有意思的是，墨索里尼上台并没有立即解散议会，也没有一个反法西斯政党在形式上被禁止或受到司法警告和限制。然而，这并非出于对宪法的尊重和民主的作风，而是出于墨索里尼长期、周密的计划。他本人在1922年11月16日公开解释自己的这一政治选择："我本来可以充分利用我们的胜利。我本来可以把这幢灰黑色的大楼变成兵营。我本来可以解散议会并建立一个纯粹的法西斯政府。但是，我组织了一个联合政府，其目的是要号召所有的人，不管他属于哪一个政党，只要他想拯救意大利，想来帮助这个极度虚弱的国家。我不想违背议会的意志来管理国家。但是，议会必须明白，它还能生存两天或者两年，这完全取决于它自己。我们要求取得全部权力，因为我们要担当起全部责任。"显然，墨索里尼是在等待时机，通过一系列措施加强法西斯对国家的严密控制，然后再从政治上清除异己，一步步摧毁过去时代的精神支柱，确立"法西斯新时代"的评判标准。

到了1926年，墨索里尼感到在政治上实行法西斯独裁的时机已经成熟，便蛮横地宣称"1926年是法西斯革命的拿破仑年"。正是在这一年，法西斯开始了对左翼进步势力的疯狂屠杀与迫害。1926年1月31日，法西斯政府颁布了一条法律，规定凡是在国外从事反法西斯活动的人，一律开除意大利国籍，并查封其财产，重则予以没收。萨韦米尼和揭露过马泰奥蒂被害事件的天主教记者朱塞佩·多纳蒂首当其冲，被剥夺了意大利国籍，成为流亡者。随后，法西斯分子又开始了疯狂的新闻封锁行动，对最后几家享有新闻自由的进步报纸进行报复。《正义报》《世界报》《自由革命》和《共和国之声报》的编辑部被捣毁，工作人员被打伤。葛兰西的挚友，《自由革命》的记者皮耶罗·戈贝蒂也被迫离开祖国前往巴黎，九天后，他被法西斯分子残忍地杀害在异国他乡。罗马街头的恐怖气氛日益严重，到处都是身穿黑衫的法西斯党徒，他们横行无忌，竟然在国会大厦前殴打人民党议员。

1926 年 10 月 31 日发生的事件使法西斯暴行继续升级。根据法西斯当局的说法，墨索里尼在博洛尼亚市的游行集会上遭到 16 岁少年安蒂奥·查姆波尼的枪击，这是墨索里尼遭遇的第四次谋杀事件。独裁者并没有受伤，而行刺者却当场被乱刀残暴地戳死。少年的尸体被拖过博洛尼亚市的街道，然后吊了起来。这一刺杀事件引发了法西斯分子的疯狂报复，他们蓄意将事态严重化，借机消灭政治上的异己分子。短短一天，仅博洛尼亚一个地方，除了有几百人遭受棍棒殴打外，另有两千人被逮捕。几天后，法西斯政府颁布了《保障国家安全紧急法令》，决定吊销一切护照，逮捕大批企图逃往国外的抵抗分子，查封一切反法西斯报纸，解散所有反对现政权的政党和团体。法令还提出，要成立"保障国家安全特别法庭"，专门负责审理进行"颠覆性"活动的反法西斯团体与个人的"罪行"，刑期从十几年到终身监禁乃至死刑不等，任何可疑分子均可不经审判就被流放，而且，"特别法庭"的判决不能上诉！

在这种情况下继续进行革命活动显然是危险的，党组织认为葛兰西应该转移到安全的地方。但是，葛兰西坚持留守在意大利本土，在自己的岗位上继续坚持战斗。他的议员任期还未满，因此葛兰西希望能够通过正常的议会论辩的方式，利用将于11月9日审议"特别法庭"提案的机会再次与墨索里尼进行面对面公开的斗争！显然，葛兰西对于局势的判断有些过于乐观，他坚信按照意大利宪法的规定，自己作为议员，仍然享有政治豁免权。但是，葛兰西没有想到，墨索里尼会公然践踏宪法，扯下一切伪装，露出穷凶极恶的本相！葛兰西甚至没能走到议会的讲坛上，就遭到墨索里尼的阴谋陷害。1926年11月8日晚上十一点左右，大批便衣警察来到葛兰西位于比亚门外马尔加尼街的家中，逮捕了这位意大利共产党的领导人，这一年，葛兰西35岁。

荒谬的审判

葛兰西1926年11月8日被捕后，先是被单独关押在柯艾丽王后监狱。11月18日，葛兰西被初步判处流放五年。11月25日，葛兰西和其他三名意共议员一起离开罗马赴那不勒斯，在卡尔米内监狱停留两夜，后转至西西里岛的巴勒莫停留八天，随之被送往流放地乌斯蒂卡岛。12 月 7 日，葛兰西抵达乌斯蒂卡岛，在此岛上过了四十三天的流放生活。岛上共有三十名政治流放犯，在此葛兰西遇到了老战友兼老对手波尔迪加。两人相互致意，重新恢复了友好的关系，共同组织了一个流放者讲习班，语言学出身的葛兰西负责历史、文学课；而工程师出身的波尔迪加则负责科学课程。葛兰西还给自己定下计划：一是保持身体健康，精神振作；二是有系统地学习德语和俄语；三是研究经济学和历史。

在乌斯蒂卡岛的四十三天是葛兰西整个监狱生活中最轻松的一段时间，葛兰西用乐观而轻松的笔调向妻子朱丽娅介绍这里的生活："我们一共五个人住在三个小小的房间里。白天，我们在小屋前的台阶上眺望那无边无际的海洋，晚上欣赏那美妙的夜空。这里的天空没有城市的烟雾，令人觉得特别美丽。海水和天空的色彩明媚而变幻无穷，实在令人惊异。"在岛上，葛兰西可以自由地同流放在岛上的其他同志谈话，给他们讲课，进行党的教育，为将来的斗争积聚力量。然而，像安东尼奥·葛兰西这样的人，即使已经被放逐到荒无人烟的孤岛上，仍然会让独裁者心神不宁。特别是逮捕和放逐具有议员豁免权的葛兰西没有任何法律依据，完全是法西斯公然藐视宪法的专横行为。为了给公众一个"交代"，墨索里尼亲自下命令把葛兰西从乌斯蒂卡岛转移到米兰的监狱，由法西斯的"保障国家安全特别法庭"对他进行审讯。于是，葛兰西被钉上锁链，塞进铁皮车厢，途经巴勒莫、那不勒斯、安科纳、博洛尼亚等地送往米兰，行程十九天。此时已经进入冬季，押送犯人的车厢上积着白雪，而葛兰西身上既没有大衣也没有羊毛衫，车厢很挤，不能站起来，甚至连转动一下都不成，葛兰西像发疟疾一样浑身战抖，受尽折磨。

1928年5月，葛兰西被押往罗马，在那里，要进行一次对共产党员们的"大审判"。在罗马的监狱里，葛兰西和斯科奇马罗与特拉契尼被关在同一间牢房。在这里，葛兰西和同志们决定，要在审讯时发言控诉法西斯主义，被告要成为原告，让这些法庭的刽子手出尽洋相、狼狈不堪。共产党员有充分的法律依据，因为他们的政治活动是在"紧急法令"颁布之前进行的，而他们发表的文章在付印之前就受到过法西斯的预先审查，因此，无论"特别法庭"怎样给这次审判加上合法的幌子，都是自相矛盾、站不住脚的。最可笑的是，在这次起诉中作为主要文献证据的一篇文章《内战与布尔什维主义》是一篇从苏联刊物翻译过来的译文，而且，它发表在法西斯自己的杂志《政治》上。

无论怎样，法西斯对这场司法闹剧还是进行了精心准备的：两排士兵头戴黑色钢盔，腰悬匕首，枪上刺刀。而"法官"们也都衣冠楚楚，坐在高台上的大审判桌后，气氛颇为"庄严"。然而，这些只不过更突出了这场闹剧的滑稽色彩，伟大和崇高的精神与卑鄙堕落的无耻行径就在这里短兵相接。

第一个被提问的是安东尼奥·葛兰西。

庭长："你被指控犯有从事阴谋活动、煽动内战、包庇犯罪、挑动阶级仇恨的罪行。你有什么要辩护的吗?"

葛兰西："我重申我向警察局所作的声明。我被捕时仍然是个在职议员。我是共产党人，我的政治活动是众所周知的，因为我的政治活动是作为议员和《团结报》记者身份公开进行的。我没有从事过任何地下活动。"

……………

不仅如此，葛兰西还利用他的智慧，对作为证人的卡利亚里市的警察局长进行戏弄。

庭长："1924年被告安东尼奥·葛兰西在撒丁干了些什么?"

警察局长："主席先生，他以探望母亲的名义到了撒丁。"

葛兰西："我许多年没有看到她了，我认为同她见面并不犯法。"

庭长："被告葛兰西，请你遵守秩序，证人请继续讲吧。"

警察局长："而实际上被告在那里建立秘密联系，打算组织暴动。他不仅同他们共产党员同志碰了面，而且还同撒丁的行动党、革命农民党和撒丁无产者党的领导者碰了面……"

葛兰西："主席，请允许我向卡利亚里警察局长提一个问题。"

庭长："提吧，不过不要离题。"

葛兰西："多年来，我以极大的兴趣研究撒丁的政治组织，如果你能把你刚才所讲的后两个党的情况告诉我，我一定十分感谢。因为关于这两个党我至今还一点没听说过。这两个党的领导人是谁？有多少党员？"

警察局长："呃……讲老实话……我不知道……"

葛兰西："这就是了。这个你不知道而且不可能知道，因为你刚才讲的那两个党是不存在的。"

警察局长："怎么会不存在？有一个情报里还提到它们的名字哩，大概它们是有的。"

被告席爆发出一阵响亮的哄笑，律师们哭笑不得，宪兵的脸上也掠过笑意，只有"法官"惊慌失措，匆匆忙忙地把这个笨蛋证人赶下法庭。

总之，葛兰西凭借激荡在胸中的正义，运用他的机智在法庭上同法西斯分子进行了针锋相对的斗争，一一驳斥他们对他的指控，或幽默犀利，或讽刺揶揄，或义正词严，把"法官"们斥责得支支吾吾，无言以对。在最后的陈词中，葛兰西义正词严地向法西斯分子宣告："你们把意大利引向毁灭，应该由我们共产党人去拯救它。"

其他共产党人的辩论也同样精彩。获得过律师头衔的特拉契尼在法庭上侃侃而谈，把法庭作为政治讲演的讲坛，他以胜利者的姿态向"法官"宣告："现在我想用更为令人愉快的思想结束我的发言。庭长先生，各位法官先生，这次法庭辩论真正是对宪章公布 80 周年最富有特征和最名副其实的纪念，你们昨天在礼炮和军乐声中，在本首都的大街小巷隆重地庆祝了这个节日。"

在所有的阴谋诡计都被识破、所有的谎言与诬陷都被共产党人揭穿之后，法西斯"法官"们再也不能泰然自若地戴着法律与正义的假面具了。检察长伊兹格凶横地宣读对他们的审判词："被告是法西斯主义的敌人，他们应该被消灭。这些人是危险的，因为他们聪明而且狂热。"他指着葛兰西，又加了一句"我们要使这个头脑 20 年不能工作"——而这正是墨索里尼本人的命令。

狱 中 生 活

根据法西斯"法庭"的审判，葛兰西被判处二十年四个月零五天的监禁。1928 年 7 月 8 日，葛兰西被从罗马押往杜里监狱服刑。这是一段异常痛苦的行程，在罗马的时候，葛兰西就已经感到肝部疼痛，起初他以为这是一般的炎症，但其实是肝炎的开始。在本内文托，葛兰西度过了地狱般的两天两夜，身体蜷缩得像条虫子，坐也不是，站也不是，躺也不是。到达目的地的时候，他的身体已经十分虚弱，除肝炎外，还患有严重的尿毒症。由于牙龈化脓，葛兰西掉了十二颗牙齿，每日只能喝几匙稀粥。他的整个消化功能紊乱，呼吸困难，走路时需要有人搀扶。即使这样，杜里监狱也没有给这位在职议员以基本的治疗。这里的狱医奇斯泰尼诺是个法西斯党徒，他不但不给葛兰西医治，反而冷嘲热讽地对葛兰西说法西斯不结果他就算他走运啦。

在杜里监狱，葛兰西被编号"7047"，囚禁在看守室隔壁的狱室里。这样做不仅是为了便于监视，同时也是一种残酷的迫害——剥夺他的睡眠和休息。看守的房间通宵吵闹，葛兰西经常整夜难以入睡，一个月的时间里，大概只有两晚能睡足五个小时。在葛兰西的不懈斗争下，他被调到另一间牢房，尽管同样阴暗潮湿，但却不像以前那样吵闹。

1929年2月，当身体状况刚刚有些好转的时候，葛兰西便正式开始《狱中札记》的写作。他向监狱长要来墨水、钢笔、纸张，并通过妻姐塔吉娅娜和好友斯拉法——他为葛兰西在米兰书店立了一个可以无限赊购书的户头，向葛兰西提供了理论研究不可或缺的书刊，在一定程度上解决了葛兰西研究资料不足的问题——传递图书和资料，开始在法西斯监狱这一极端艰苦的环境中着手自己的研究。为了写作，葛兰西每天都专心致志地工作好几个小时。他一边思考一边来回踱步，经过长时间的思考之后，他会流利地写出他想写的东西，不重写也不删改。与马克思手稿的复杂难辨相比，葛兰西《狱中札记》的手稿字迹清晰工整，只是在生命的最后阶段，字迹才开始潦草模糊。

可以想象，《狱中札记》的写作过程是多么艰难！一方面，葛兰西要面对监狱长的刁难和检查，后者总是利用种种借口，要么扣留他的研究资料，要么在纸和墨水等写作工具上对葛兰西进行勒索。狱卒们也总是吵吵闹闹，突如其来的巡逻与监视常常会打断葛兰西的思路。另一方面，葛兰西日益衰竭的身体成为他写作的最大障碍。他经常发烧，身体的各个机能都处在不同程度的衰退状态，病痛一直折磨着他，睡眠严重不足，这些都在很大程度上对葛兰西的研究与写作造成困扰。1931 年 8 月 3 日清晨，葛兰西突然吐血，身体状况迅速恶化，幼弟弟卡尔洛、挚友彼埃罗·斯拉法先后抵达杜里，但未获准探视葛兰西。1932 年整整一年，葛兰西每天都挣扎着为自己的生命而斗争，他无时无刻不在忍受痛苦——头晕、恶心、疼痛、吐血，他的身体彻底毁了。葛兰西自己也感到难以支撑下去，精力仿佛被耗尽，身体中的抵抗力量就要崩溃。他常常一连几天彻夜不眠，严重的神经衰弱困扰着他，浑身肌肉只要轻轻一动就痛得要命，在这种情况下，活着成为煎熬。

葛兰西向监狱提出申请，要求医生给他检查身体。墨索里尼以为这下可以趁机羞辱他的政敌了，于是通知葛兰西，只要他肯呈上求赦书，就可以满足他的要求。然而，这个傲慢的刽子手等来的回答却是："有人劝我自杀，然而我不打算用自杀来结束生命……"这一坚强的回答犹如一记重锤，狠狠地打击了独裁者的狂妄与傲慢。墨索里尼气急败坏、恶狠狠地说："要是葛兰西不愿向胜利者低头，那他就得死!"

不仅如此，葛兰西还拒绝亲人们企图根据健康原因要求当局将监禁改为流放的努力。虽然根据法律和书面规章，这种要求是合理的，但要做到这一点，当事人必须提出申请，说明自己改变了观点，承认自己的错误，等等，这无疑就是一纸"悔过书"。面对敌人的引诱，葛兰西的回答干脆利落：“这是建议我自杀，然而我没有任何想自杀的念头！”葛兰西拒绝这样的减刑方式，认为这是一种耻辱，他写信给幼弟卡尔洛表明自己的立场：“我丝毫不想对任何人屈膝求荣，也丝毫不想改变我的操行。我是相当坚定的，我极其平静地等待着这种态度可能带来的一切后果。我早已料到我可能发生什么事情。然而，现实非但未能使我产生丝毫的动摇，恰恰相反，它却更坚定了我的信念。”

1933年，在葛兰西及亲人的不懈斗争下，终于争取到阿尔冈杰利教授为葛兰西检查身体。阿尔冈杰利教授是位正直的医生，他在法共《人道报》和《红色救护》上发表声明，呼吁人们关注葛兰西的境遇。国际社会反应迅速，在巴黎成立了解救葛兰西和受法西斯迫害者委员会，著名作家罗曼·罗兰和巴比塞等民主文化界最有影响力的人物都参加进来。在国际舆论的压力下，法西斯政府被迫让步，批准葛兰西离开杜里监狱，到库苏马诺医生在福尔米亚开办的诊所治疗。这是葛兰西入狱六年来第一次离开监狱，在押解的火车上，葛兰西重新看到草地、森林和果园，看到成群的儿童，这些广大世界的一切曾经一度离他而去。在福尔米亚，一个特派警长率领十八名宪兵和两名警察负责严密看守葛兰西。虽然医疗条件不是很好，但比起在杜里监狱时的情景，葛兰西的生理机能还是有所恢复，并获准每周四在医院的花园里散步一次。1936年初，葛兰西由于病情急剧恶化而被送到罗马的库伊西珊娜医院，在这期间，他仍以顽强的精神同病魔进行斗争，同时从事自己的写作事业。

在服刑期间，葛兰西因为法西斯庆祝其掌权十周年实行大赦而被减刑至十二年四个月，他拼命地同死神斗争，直到刑期届满的时候。1937年4月21日，葛兰西服刑期满，获得完全的自由，他想回到撒丁岛的家乡，回到亲人们的身边，但是，多年的折磨已经使他的身体完全垮掉。同年4月25日夜晚，葛兰西突发脑出血，在两天后的凌晨与世长辞，火化后葬于罗马英国公墓。

第 4 章

爱情与亲情：葛兰西的情感生活

在莫斯科遭遇爱情

1922 年，葛兰西以意大利共产党驻第三国际代表的身份被派往莫斯科。与意大利秀丽娇娆的风光有所不同，俄罗斯广阔辽远的土地和一望无际的平原别有一番宽广之美，让葛兰西赞叹不已。然而没过多久，葛兰西的身体便出现了严重的问题：长时间的紧张工作和繁多的党内事务严重损害了他的身体健康，出走异国他乡使他一直紧绷的神经得到放松，身体上的病症也随之显露出来。得知来自意大利的代表生病，当时共产国际的主席季诺维也夫非常重视，亲自安排葛兰西到莫斯科郊外的"银色森林"疗养院治疗。在这个疗养院，葛兰西结识了一位名叫埃乌杰妮娅·舒赫特的病友。埃乌杰妮娅虽然是俄国人，但在意大利生活过很长时间，懂得意大利语，两个人可以用葛兰西的母语进行交流。通过埃乌杰妮娅，葛兰西了解了许多关于舒赫特一家的事情。

埃乌杰妮娅的父亲阿波罗·舒赫特原是斯堪的纳维亚人，曾经因为反对沙皇而被流放西伯利亚。阿波罗先生出生在一个军官家庭，生活富足，他本人精通法国文学，有着很好的音乐修养。他一共育有六个孩子，除埃乌杰妮娅外，还有娜迪娜、塔吉娅娜、安娜、朱丽娅和唯一一个男孩维托里奥。几个孩子都接受了高等教育，埃乌杰妮娅是美术学院的学生，塔吉娅娜在罗马大学学习自然科学，而安娜和朱丽娅具有音乐天赋，是出色的小提琴手。阿波罗先生和他的孩子们在罗马生活了很多年，直到俄国发生十月革命，一家人出于革命的热忱而回到俄国。当埃乌杰妮娅认识葛兰西的时候，她的亲人都在伊凡诺沃生活。

1922年6月，葛兰西在"银色森林"疗养院第一次看到埃乌杰妮娅的妹妹朱丽娅·舒赫特。31岁的葛兰西深深地被这个比他小五岁的姑娘所吸引。朱丽娅身材修长，容貌俊秀，有着小提琴艺术家特有的高雅气质。这位从小在罗马生活的姑娘对意大利有着特殊的感情，与葛兰西相处的时候，她常常回忆起她在罗马生活的日子，两个人有许多共同的话题。朱丽娅对待葛兰西亲切而友善，散发着一种异性特有的温柔和吸引力。葛兰西生平第一次感受到爱情的撞击，他那逻辑严谨、擅长理性推断的头脑如今被爱情的潮水所冲击，写给朱丽娅的信一封比一封更热烈："您的每句话都给我带来巨大的快乐，都增加了我的力量"，"你走进了我的生活，你给了我爱情，你给了我一直缺少的、常常使我内心躁动不安的东西"，"爱情给整个生活以力量""亲爱的朱丽娅，你就是我生命的全部。在和你相爱以前，我似乎从未体会到真正的生活，从未体会到它是那么伟大而美好，它充满了人生的每时每刻"。不仅如此，葛兰西还写信给远方的母亲佩皮娜太太，向她介绍自己心爱的恋人，分享心中的喜悦："她叫朱丽娅，从音乐专科学校毕业。她是个勇敢而刚强的人，我相信当你们见到她时一定会夸奖她，喜欢她。"

由于工作繁忙，葛兰西不能时刻陪伴在朱丽娅的身边，但他竭力使她快乐。他为她动手做各种各样的撒丁玩具，用硬纸做小提琴，用蜡做双尾壁虎，还有小推车的模型，热情地向她介绍家乡的生活和风俗习惯，全身心地爱着这个俄国姑娘。在 1922 年圣诞节的时候，葛兰西还亲手为朱丽娅做了一棵挂满蜡烛和礼物的圣诞树。为了与心爱的姑娘见面，葛兰西经常往返于莫斯科和伊凡诺沃之间。有一次，他在没有告诉任何人的情况下去伊凡诺沃看望朱丽娅，被人误认为失踪，甚至惊动了苏联"国家政治保卫局"，事后人们发现，这个被爱情征服的意大利共产党领袖只是去心爱的人那里，与她共度了一个美好的夜晚。

颠沛流离的家庭生活

作为意大利共产党的领袖，葛兰西最大的不幸是他和妻子单独在一起的时候很少，他经常"处在非常的境况中，远离现实的日常家庭生活"。从苏联回到意大利后，葛兰西便与妻子朱丽娅分居两地。党内繁重的工作以及反法西斯的斗争常使葛兰西身心疲惫，在这时，他更加怀念远在苏联的妻子，希望有人能够温柔地陪伴在身边，倾听自己的心声，但是，葛兰西只能以写信的方式寄托自己对妻子的柔情：

"请告诉我何时我们能见面并重新幸福？何时我才真正感觉到你的双唇同我的相连，我的手爱抚你的秀发？亲爱的尤尔卡（对妻子的爱称），当我回想起你的柔情，心间就流淌着一股暖流，使人更沉重地感到忧郁和孤独。我毫无兴致欣赏罗马的美丽风光，我是多么想和你一起漫步街头，观赏美景并回忆往事啊！""自从我开始爱上你的那天起，我所享受的喜悦无一不是同你联系在一起的。每当我想起你不在我的身边和你不能看到我所看到的一切的时候，这种喜悦就立即消失了。""我想你，每当我想到我爱你时，我感到多么甜蜜，尽管你远在天涯，我却感到你近在咫尺，亲爱的尤尔卡，尽管相距遥远，想到你也会使我更加坚强。"

1924 年 8 月 10 日，葛兰西的长子德利奥诞生，初为人父，葛兰西欣喜若狂。但是，他无法分身回到朱丽娅身边与她共同抚养孩子，想到两地分居的日子，想到妻子紧张的生活，想到自己不能在妻子最需要的时候伸出帮助之手，葛兰西就为自己不能陪伴在妻子身边而感到自责，他这样写信向妻子表达歉意："我常常有许多悲伤的想法。我想到过我们分居两地所度过的日子，想到过你的紧张生活，也想到过你有多少时候，有多少事情需要我帮助。更糟糕的是，我眼下还看不到改变现状的途径。"想到朱丽娅独自照料儿子的辛苦，葛兰西更是充满愧疚和遗憾："我们的孩子出生后，我既不能分担你的痛苦，也不能分享你的快乐，这将永远是我生活中的憾事。"

葛兰西曾经通过在莫斯科的朋友给朱丽娅捎过钱，也许是出于对葛兰西的怨恨，朱丽娅拒绝接受这笔钱。葛兰西非常难过，他写信给妻子，劝她接受自己的心意："为什么你不愿意接受带给你的钱呢？如果你收下那钱，对我来说将是莫大的快乐。我常常想到，对我们、对孩子我无所作为，我愿做点儿事。我觉得，如果我的工作在你们的生活中具有一定意义，或帮助你们克服困难，我将非常幸福。"为此，葛兰西甚至想到了自己的童年，他恳求妻子："要是我知道由于我才使孩子和你的生活增加了点什么，我会感到非常高兴。少抽一包烟，或少喝一杯咖啡，这对我是一种小小的牺牲。为什么要这样做呢？我认为这是对我童年生活的回忆，那时同妈妈及兄弟一起战胜贫困与艰辛，团结及亲情的纽带把我们紧密相连，牢不可破，坚不可摧。"

这样分居的日子一直持续到 1925 年 10 月，葛兰西和朱丽娅才得以短暂的相聚。朱丽娅放弃了小提琴和教学的职业，在苏联驻意大利大使馆找了份工作。由于工作繁忙，葛兰西无法长时间陪伴妻子和儿子德利奥，但他尽量每天晚上都回到特拉帕尼路的临时住所，与他们共进晚餐，陪同孩子玩各种各样的游戏，直到午夜才恋恋不舍地离开。像所有热爱孩子的父母一样，葛兰西欣喜地观察着孩子的一举一动。德利奥才一岁半，葛兰西就确信他有音乐的天赋，因为他能够在钢琴上找出与动物叫声相对应的音阶来，小鸡的叫声按键盘的右边，黑熊的叫声按键盘的左边。事实上，德利奥长大以后，并没有向艺术方面发展，而是成为苏联海军上尉，后来到列宁格勒海军学院教授数学。

但即使是这样的生活也没有维持多久，1926 年初，墨索里尼公然撕下民主的伪善面具，宣布"承担一切政治、道德和历史的责任……如果法西斯是一个结伙犯罪的集团，那么我就是这个犯罪集团的首领!"罗马的局势十分紧张，共产党面临着政治迫害的危险，朱丽娅和儿子不得不提前撤离。1926年8月7日，朱丽娅越过国境，二十三天后，她和葛兰西的次子朱利亚诺诞生。这个叫朱利亚诺的孩子从来没有见过自己的父亲，但是他继承了母亲的音乐才华，后来成为一名音乐家。

无论如何，葛兰西像所有的撒丁人一样，非常珍视亲情，有了儿子让这个撒丁人感到无比幸福，他兴致勃勃地写信给母亲佩皮娜，向她报告这一喜讯，语气中充满了初为人父的自豪与得意："孩子是8月10日诞生的，他妈妈很好……孩子体重3.6公斤，满头浓密的棕色头发，小脑袋长得很好，大大的额头，碧蓝的眼睛——我是把他妈妈对他的描写抄给你的。她还富有诗意地补充说：就像阳光下挂在枝头上的水灵灵的果实。他出生已经二十五天了，现在他应该长大了一些。他叫'列夫'，即意大利文狮子的意思。在我看来，这对于一个体重三公斤半而且连牙都没有的孩子来说是有些夸张了。"

除去珍爱自己的小家，葛兰西也十分怀念意大利南部乡村的大家族生活，但自从青年时代赴都灵求学之后，他就很少再回过家乡。1924年10月到11月间，借在卡利亚里大区参加共产党省委会议的机会，葛兰西在百忙之中抽空回了一次吉拉扎的老家。家乡人对这位议员同乡报以极大的欢迎，甚至一些加入法西斯阵营的人也怀着极大的敬意来拜访他，他们把葛兰西视为撒丁人的光荣。葛兰西向家乡人讲解俄国革命，讲共产党的策略，讲什么是资本和资本家，讲大陆上发生的事情。不过，葛兰西还是最喜欢与家人待在一起，他同妈妈佩皮娜聊家常，和爸爸弗兰切斯科谈自己这些年的经历，逗杰纳罗的女儿玩，给四岁的小侄女讲故事，度过了人生中最为闲适的十天。

狱中的牵挂

从某种意义上说，葛兰西被法西斯逮捕入狱导致了他的婚姻走向绝境。在入狱初期，葛兰西非常思念亲人，尤其是想念远在莫斯科的妻子朱丽娅，他为不能陪在她身边感到愧疚，同时也希望她能够勇敢而坚强地承担起抚养孩子的重担："我愿做任何实际有效的事情，以便对你有所帮助，但我感到自己无能为力。我现在受到两种感情的折磨：一方面我对你怀有十分温柔细腻的感情，在我看来你显得那么虚弱，需要立即得到身体上的爱抚和安慰；与此同时我又怀有另一种感情，即我必须有巨大的毅力才能从遥远的地方，用冰冷乏味的语言使你相信，你毕竟是坚强的，你可以而且应该克服危机……现在我们应该以最大的努力弥补过去的不足，以便使我们的结合保持全部道义上的牢固性，使我们过去曾经有过的美好的东西能从危机中拯救出来，并活在我们的孩子身上。"他热切地希望能够收到她的回信，希望两个人通过信件的交往沟通心灵，驱散寂寞："接到你的信使我感到非常幸福，它大大地充实了我毫无意义的时光，使我不再感到孤立于生活和世界之外。我想，你应该多给我写信，因为我感到你也是孤独的，也有些脱离生活。你若给我写信，心里也会感到不那么寂寞了。"

不过，令葛兰西烦恼的是，出于身体与政治的原因，妻子朱丽娅很少给他写信，常常是几个月才能收到她一封来信，这令葛兰西心里很难过，他被法西斯用高墙和铁窗隔绝在社会生活之外。现在，他仿佛又被妻子的冷漠隔绝在家庭生活之外了。他写信给朱丽娅，表达了他的不满："现在我感到完全平静，甚至于长期没有得到外边来的消息，我也会处之泰然。尽管我知道，如果在你方面能作小小的努力，这种情况就会改观……最近，我重读了一年以前你的来信，这使我感觉到你对我的感情已完全付之流水了。"偶尔，他会收到朱丽娅的只言片语，但是，这种回复几乎构不成对话，只是寥寥数语，仿佛是在敷衍了事。葛兰西感到失望之极，极度沮丧，感觉朱丽娅已经不再关心他，不想也不喜欢听到有关自己的任何信息了。

后来，葛兰西得知妻子患有严重的身心衰竭症后，才再度变得温柔，感到可能是自己太过"缩成一团，变得比刺猬还要多刺"。1932年8月以后，朱丽娅的健康有了明显好转，葛兰西希望她能够来意大利，但是朱丽娅没有同意。一直到1936年，葛兰西始终处在盼望与等待之中，他不愿意以任何方式强迫她同意自己的请求，然而，在葛兰西的内心深处，他一直希望能够与朱丽娅面对面推心置腹地交谈，哪怕这种谈话意味着最终的分手。经过多年暗无天日的悲惨生活，葛兰西已经心如死水，他已作好心理准备，要让朱丽娅一劳永逸地从许多烦恼、压抑的感情中得到解脱。不过，令人遗憾的是，从1926年葛兰西被捕两人被迫分开，到1937年葛兰西病逝，十一年的时间，朱丽娅从来没有到监狱探望过他，两个人始终没有能够再见上一面。

应该说，对于自己的身陷囹圄，葛兰西在精神上已经作好了一切准备，他清楚地意识到，这样的结局只是政治生活的一个插曲，甚至还可能发生更糟糕的事情，这是从事革命必须付出的代价，对此，他并未怨天尤人，而是勇敢地接受厄运，并坚信自己能够战胜监狱中的苦难。唯一让葛兰西放心不下的是，因为自己入狱的缘故会给亲人们带来精神上的痛苦。尤其是妈妈，她年事已高，在经受了太多的人生折磨之后又增添新的痛苦，这令葛兰西极为担心，他写信给妈妈，希望她坚强并用"善良宽厚和无限爱心"原谅这个为了革命而牺牲的儿子。葛兰西请妈妈放心，他"心灵深处的乐观和幽默感"将会帮助自己战胜监狱中的一切困难。他还回忆自己童年时与母亲共同度过的艰难岁月："我很高兴回忆童年时期的经历和情景，当然，那时有许多痛苦和磨难，但也有一些令人愉快和美好的事情。另外，亲爱的妈妈，是你，你的双手，总是为我们忙碌不停，总是利用到手之物尽量少让我们吃苦。你还记得我为了喝上不掺大麦的纯咖啡而耍的花招和其他类似的蠢事吗？"葛兰西骄傲地告诉母亲，正是母亲在那个年代所表现出来的勇气一直激励着他，并坚信母亲能够一如既往地坚强、沉着。他安慰妈妈："我确信有一天大家还会聚集一堂，儿子、孙子，或许还有曾孙都来，我们准备一顿极其丰盛的撒丁式午餐，什么都有！……"

两个年幼的儿子也成为葛兰西心头最难割舍的牵挂。葛兰西和朱丽娅育有两个儿子：大儿子德利奥和小儿子朱利亚诺，尤其是小儿子朱利亚诺，他甚至从来没有见过父亲的面。葛兰西在狱中十分惦念两个孩子，渴望了解他们的成长，了解他们生活的点点滴滴，哪怕是只言片语，也令他激动和欣喜万分。塔吉娅娜经常会给他讲述孩子们的生活趣事。一次，在收到孩子们的照片后，葛兰西曾经这样写信给塔吉娅娜："我收到了孩子们的照片，感到很高兴，这一点你是可以想象的。我还感到很满意，因为我亲眼看到照片后才确信他们是有身躯和四肢的。三年来，我只见过他们的头像，于是我就起了疑心，以为他们已变成那种耳边长翅膀的小天使了。"不仅如此，葛兰西还十分关心孩子们精神和意志的培养与锻炼，他认为父亲的责任便是"在不妨碍孩子表现他的天真性格的情况下，帮助孩子获得将来对他异常有用的品质：意志的力量、酷爱纪律和劳动、坚持到底的精神"。

无法陪在孩子们的身边看着他们成长，葛兰西只能以写信的方式对孩子们进行教育。然而，他的教育是那么循循善诱，因势利导，一点儿也不让人反感。比如，他这样写信给小儿子朱利亚诺："你希望我给你写点严肃的东西，很好。但你想在我的信中读到的'严肃的东西'是什么？你已经是个小伙子，对小伙子来说事物都是非常严肃的，这同其年龄、其经验及对经验的反思赋予的能力有关。此外，你许诺每五天给我写些事情，如果你能这样做，我非常高兴，因为你向我显现了你意志的力量。我总要严肃地回答你。亲爱的，我只能通过大人的信来认识你。我知道你是个好小伙子，但为什么不给我写写你的海上之旅，你认为那不是严肃的事情吗？所有关于你的事情，对我来说都是严肃的，并令我非常感兴趣，包括你的游戏。拥抱你！"

事实上，葛兰西与孩子们的通信充满了童趣和天真，仿佛是与他们一同玩耍的朋友。"亲爱的德利奥：我收到你特别喜欢的小鹦鹉羽毛和小花。但我想象不出小鸟的模样，因为它掉了如此大的羽毛；可能室内的高温使它的皮肤生病，大概不太严重，随着季节转好，它的任何麻烦都会成为过去。""为什么你不对我说起你的小鹦鹉？它还活着吗？可能你不再提它，因为有一次我指出你总说它？快乐的德利奥！塔吉娅娜想让我给你写，我像你这么大时曾有过一只狗，我因它高兴得快疯了。你看！一只狗（即使很小）确实比一只鹦鹉带给人更多的快乐（但你可能看法相反），因为它同主人玩耍，同人亲近……显然我的狗是只狗崽，因为它对我特别亲热，爬到我的背上，在我身上撒尿。我用了多少肥皂！它是那么小，以致很长时间都不能爬上楼梯的台阶，它长着长长的黑毛，像袖珍的长卷毛狗。我把它的毛剪得像个小狮子，但它其实一点儿不漂亮，甚至是丑，相当丑，我现在都能想起。然而，它令我多么开心，我有多么喜欢它！"

塔吉娅娜的精神鼓励

在葛兰西被捕候审和服刑阶段，在精神和生活上给他最大支持的是他的妻姐塔吉娅娜。塔吉娅娜是朱丽娅的二姐，比葛兰西年长四五岁，与妹妹朱丽娅长得很像，也是一个美人，但姐妹两人却具有不同的个性气质。朱丽娅敏感而恬静，时刻需要丈夫的关爱与保护；而塔吉娅娜则理性独立，善良而富于自我牺牲精神。在葛兰西最艰难的人生时刻，塔吉娅娜忠诚地陪伴在他的身边，给予他无私的关怀和帮助。葛兰西也把塔吉娅娜视为亲姐姐，他写信说："你看，我给你写信就像写给亲姐妹一样。在这段时间，你对我来说，比亲姐妹还亲。""我亲切地拥抱你，最亲爱的，因为我拥抱你就意味着拥抱我所有的亲人。"

　　的确，塔吉娅娜为了照顾葛兰西，付出了常人难以想象的艰辛。早在 1927 年葛兰西被捕不久，还在等待法西斯的"审判"时，塔吉娅娜便辞去了她在罗马的教职，从米兰移居罗马，以便能够就近帮助、看望葛兰西。1928 年，当葛兰西被判刑二十年四个月零五天，在杜里监狱服刑时，塔吉娅娜便又移居杜里，寄宿在一个公寓里，每天早晚两次探望葛兰西。为改善葛兰西的生活条件，塔吉娅娜四处奔走，甚至向墨索里尼要求给予葛兰西适当的治疗。当葛兰西转到福尔米亚的诊所看押时，塔吉娅娜每周都来看望妹夫，给他带来药品、书籍、水果和巧克力。作为妻姐，塔吉娅娜尽力沟通妹妹与妹夫之间的感情，她耐心地听葛兰西倾诉自己的苦恼和心声，并尽最大的努力安慰和帮助他。

不仅如此，塔吉娅娜还是葛兰西精神世界的倾听者。葛兰西愿意把自己的研究计划讲给塔吉娅娜听，同她讲意大利的历史、风俗和文化，讲自己的政治理念和哲学思想，同时，塔吉娅娜也会向葛兰西提出自己的观点和意见。比如，她向葛兰西建议："要写出一部完善的关于知识分子的历史，应该有一个可供参考的大图书馆，但是为什么不暂写一本不完善的历史，留待日后你可以自由出入图书馆时再加以完善呢？"

不仅如此，塔吉娅娜还得忍受葛兰西的误解和坏脾气。比如，为了减轻葛兰西的痛苦，塔吉娅娜曾想尽办法，为葛兰西申请假释，为他请医生，还尝试是否能够根据法律规定，以健康的原因把监禁改为流放。但是她的这一想法令葛兰西愤怒发狂，葛兰西认为这是让他变相地变节，并为此对塔吉娅娜大发脾气："你的任何干预都只会使我和其他人的，特别是我的光明磊落的立场蒙上一层令人误会的阴影。为什么你不愿意明白，你不能，也根本不理解我在这些问题上的荣誉和尊严？我只想告诉你，你是局外人！"塔吉娅娜原谅了妹夫，将这件事看作长期身体病痛和精神郁闷的葛兰西的一次正常发泄，她包容他、理解他，这给葛兰西带来巨大的安慰。

最值得一提的是，塔吉娅娜还是葛兰西遗稿《狱中札记》的保护人。正是塔吉娅娜把二十一册札记偷偷带出监狱，并通过葛兰西的朋友斯拉法，把札记手稿存入意大利商业银行的保险库，这批珍贵的资料才得以保留。后来，塔吉娅娜不辞辛苦地把这批手稿装箱运往莫斯科，通过意大利共产党驻共产国际代表安柯转交给陶里亚蒂，完成了对葛兰西政治遗产的保护。因此，我们说塔吉娅娜是葛兰西生活中最重要的女性，她用全部的爱心照顾狱中的葛兰西，给予他最坚强的精神支撑，在塔吉娅娜身上，洋溢着母性的温暖与人性的光辉，因为她说过，一个人应为另一个人、另一个需要帮助和救护的人而活着。

第 5 章

文化、阶级与行动：葛兰西狱前文艺
与政治思想

文学与国民生活

早在《前进报》工作时期，葛兰西就对文化问题有着较为强烈的兴趣。葛兰西把文化看作"一个人内心的组织和陶冶，一种同人们自身个性的妥协；文化是达到一种更高的自觉境界，人们借助于它懂得自己的历史价值，懂得自己在生活中的作用，以及自己的权利和义务"。葛兰西坚信，通过文化批评的形式——戏剧评论、时事评论和随笔可以改变人们的精神面貌、伦理观念和思维水平，进而改变整个社会的面貌。这里不难看到克罗齐对葛兰西思想的影响。对于克罗齐来说，历史是人类不断前进、人类自由不断实现的过程，人们正是在历史中不断完成对自由精神的理解，从而完成人类的解放。青年葛兰西接受了克罗齐的历史主义，把历史看作人类精神与道德不断进化的过程，但与克罗齐不同的地方在于，葛兰西不赞同克罗齐把文化改造成独立于政治的领域，把知识分子从群众中分离出来，把纯文化从人民大众的文化中分离出来的观点。对于葛兰西来说，文化是一项群众事业，人民大众正是在历史的发展中逐渐认识自己的价值。起初是少数人，后来是整个阶级对自己的历史任务和使命都有了清醒的认知，而这一过程便是对文化的反思与批判的过程。

因此，葛兰西认为，文化具有历史与阶级双重属性。一方面，文化绝对不是静止不变的，它随着历史的发展而推陈出新，人们随着历史的发展而不断把自己从特权、偏见和偶像崇拜中解放出来，不断创造属于自己的、具有历史自觉的文化形态。另一方面，文化亦是人们对于自己的历史价值的自觉认识，每一个历史时代，每一个阶级都有自己的文化，因此，葛兰西异常热切地呼唤属于意大利劳动人民自己的文学形式。在一篇题为《人民文学》的短评中，葛兰西批评当时的意大利"总是缺少而且仍然继续缺少一种人民文学"，而流行的文学总是"不了解也不倾听（人民的）需要、期盼和感受，不愿意面对人民"，这是因为"意大利的知识分子远离人民，感受不到蕴含在人民群众中的巨大的政治力量"。葛兰西期待一种新的文学形式，真正属于人民大众的文学，它与以往的文学完全不同，是异质性的文化，对现行的文化构成了威胁与挑战。

显然，对于葛兰西，文学绝对不仅仅是一种文字形式和艺术形态，而是代表着一种政治立场和道德姿态，就像他对但丁作品所评价的那样，新的文学作品是对腐坏的传统文化的摧毁，文学本身就是一种"战斗的行为"，在新的文学作品中总会体现历史发展的新要求与新方向，或者说，"通过对资本主义文明的批判，无产阶级已经或正在形成统一的意识。这种批判含有文化的性质，而不仅仅是一种自发的和自然主义的进化"。在这里，文化的发展与自然进化不同，它是人类精神与文明自觉的产物，其中体现着人的意志与意愿、期待与要求。

因此，对于葛兰西来说，文化价值观的变革应该是社会制度变革的先声，每一次革命都是以激烈的批判工作，以在群众中传播文化和思想为先导的。只有从内心改变人们的观念和信仰，才能在现实的政治斗争中取得根本性的胜利。没有文化，无产阶级永远也不能认清自己的历史作用。值此之故，葛兰西经常满怀激情地重温启蒙运动的经验，将之视为法国大革命的前奏，认为启蒙运动"本身就是一场宏伟的革命，它以一种统一的意识形式，给全欧洲提供了一个资产阶级的精神国际，这个精神国际对平民百姓的所有灾难和不幸是敏感的，它为后来法国的流血起义作了最好的准备"。

葛兰西主张，无产阶级革命也应效法法国大革命，努力在思想和精神领域为无产阶级的暴力革命作好准备，扫除障碍。他极其强调文化教育的重要性，认为无产阶级不应该放弃任何文化教化的机会，对于葛兰西来说，新文化和新思想的传播渗透在社会生活的各个层面，一个历史事件，一本刚刚出版的书，一场戏剧演出都是向广大人民群众宣传新思想、新理念的机会。因此，在《前进报》时期，葛兰西就经常组织青年们读书，和他们讨论文艺作品和历史问题，以此对他们进行政治教育。他曾经组织讨论罗曼·罗兰的作品《超脱于混战之上》，组织人们讨论法国大革命和巴黎公社问题，在讨论中传播文化，倡导新的价值观和道德理念。在讨论中，葛兰西从不轻易打断年轻人说话，而是悉心倾听他们的观点，提炼他们的思想，了解他们的心声，他总是最后一个发言，把问题分析得有条有理、清晰透彻，青年们喜欢围绕在葛兰西身边，聆听他的教导，在精神上感到充足和愉快。

永远的"娜拉"

《玩偶之家》是挪威剧作家易卜生根据一个真实的故事改编的戏剧作品,"娜拉"是其中的女主人公。在这部被称作"妇女解放运动的宣言书"中,女主人公娜拉在经历了一系列家庭变故之后,终于认清了所谓的资产阶级道德的虚伪,她觉悟到自己在家庭中的玩偶地位,严正地向丈夫宣称:"首先我是一个人,跟你一样的人,至少我要学做一个人。"《玩偶之家》表达了妇女不甘作男权附庸,希望能够在精神和人格上获得独立地位的愿望。这部戏剧的作者易卜生被称为世界文学史上的"一个伟大的问号",这个"问号"促使人们思考我们这个社会真正需要什么样的道德与价值观念。

1917年3月,《玩偶之家》在罗马卡里尼亚诺剧院上演后,在意大利反响平平。被传统观念束缚的人们无法理解娜拉出走的真正意义,在他们的文化传统中,这样一位追求自我价值的妇女是不受欢迎的。葛兰西却从这部剧中看到了一种新型文化的呼唤,他建议拉丁男性接受一种更为先进的风俗观念,按照这种新型观念"男人和女人再不只是肌肉、神经和皮肤,而主要是精神。按照这种风俗,家庭不再只是个经济团体，而更是个现实的道德世界；这个道德世界是由两个灵魂的亲密结合组成的，每个灵魂都可以在另一个灵魂身上找到自己所缺乏的东西。按照这种风俗，女人不再只是生育幼小生命并对他们呕心沥血地倾注母爱的女性，而她本身还是一个有自己的意识，有自己的内在需求，有自己独特人格的人。"

显然，葛兰西在这里谈的是妇女解放的问题，而妇女解放应该是整个人类解放的一部分。葛兰西在娜拉的故事中看到了拉丁传统文化中妇女和婚姻思想的局限性，即仅仅把妇女看作繁衍生命的工具，而忽视了妇女自身的意识和人格，忽视了她们的内在尊严和自我价值，而对于一个不断发展进步的社会来说，人的解放问题并不仅仅是一个经济问题，而涉及社会文化生活的各个方面，对社会的改造是全方位的，不仅要改变这个社会的物质生产方式和分配方式，而且要改造人的精神世界，转变人们的伦理观念和道德观念。而这，正是葛兰西评论《玩偶之家》的言外之意。

值得一提的是《玩偶之家》在我国的境遇。易卜生是继莎士比亚之后最先被介绍到中国的欧洲戏剧家，他的忧患意识和批判精神恰恰契合了五四运动时期文学革命、妇女解放和反抗传统道德礼教的思想需要。1935 年 6 月，由赵丹、蓝苹主演的《玩偶之家》引发了中国妇女解放和社会变革的大论战。胡适全面系统地评论了易卜生的戏剧作品；鲁迅则更关注娜拉出走之后该到哪儿去的问题，他由此写下短篇小说《伤逝》；茅盾则在长篇小说《虹》中塑造了中国的"娜拉"形象。

总之，葛兰西所提出的文化与社会改革、文学与国民生活的思路即使在今天仍然有其重要的现实意义，优秀的文学作品是对一个时代社会风貌的浓缩和表达，它以艺术的方式提出的却是社会和文化的现实问题。因此，对于致力于改造人类精神和道德伦理的知识分子来说，应该时刻保持对文学与艺术作品的关注，从中汲取社会批判的素材与观念，因为正像葛兰西后来在《狱中札记》中所说的，政治革命只是无产阶级革命的一部分，真正复杂的是对整个社会及其观念的改造。

"积极的中立"

葛兰西生活的时代是一个风云变幻、政治格局急剧变化的时代。或者借用德勒兹的一个比喻，整个世界并不像一块四角绷直的手帕，无论使多大的力气，都不会使这块手帕变形，而一块褶皱，一个微小的力量就可以使这块手帕变形。20 世纪上半叶就是这样一个充满动荡和机遇的时代，如何在这样一个时代把握时代的精神和大众情绪，从而开创共产主义事业的新篇章，是当时各国共产主义政党都在思考的问题，也是青年葛兰西所主要思考的政治主题之一。

1914 年，第一次世界大战爆发，意大利政府陷入极大的困境中。当时，意大利是"三国联盟"的成员国，其他两个成员国德国和奥匈帝国在同英国、法国和沙皇俄国作战，作为"三国联盟"成员，按照协定意大利应该站在德国和奥匈帝国一方。同时，协约国一方也在拉拢意大利。鉴于与英国和法国有着"传统的友谊"，意大利最终选择了中立，并于 1914 年 8 月 3 日宣布了中立声明。但真实的情况是，意大利的军事实力较弱，经济和工业实力相对也比较弱，不过早参战是一个明智的选择。在意大利人中，支持这一选择的占明显的多数，其中包括当时的政府前总理焦利蒂、国王伊曼努尔三世、教皇本尼迪克特十五世和意大利社会党。他们中有人属于"动摇的中立派"，对战争持观望态度，希望等待战事的胜负情况比较明朗时再让意大利加入即将获胜的一方。而社会党则坚持"绝对中立"的原则，提出"反对战争，赞成中立"的策略主张，认为战争只会对资产阶级有利。"无产阶级不能去参加侵略和征服的战争，因为战争结束后，他们只会像以前一样遭受贫穷和剥削。"

墨索里尼——他此时尚未脱离社会党——起初支持社会

党保持"绝对中立"这一路线，但随着时局的发展，他开始把这次大战看作一次历史的机遇，认为社会党的中立态度是一种"回避历史"的做法，开始感觉到这场战争可能同时会带来机会，一个打破旧秩序、建立新秩序的机会。1914年10月18日，墨索里尼在《前进报》第三版上发表了题为《从绝对的中立到积极的有行动的中立》的长篇文章，直截了当地表态声称意大利应当参战，他用充满煽动性的语言说："我们生活在世界历史中最为悲惨的一刻，这也可以说是我们的特权。作为男人和社会主义者，我们是愿意成为面对这场伟大的戏剧而只充当懒惰观众的人吗？或者，从某种意义上讲，我们愿意以某种方式去扮演这场戏中的主角吗？"墨索里尼认为，如果为了顾及党的表现形式而毁灭它的精神，那将是一场灾难。他警告："一个政党，如果它想留名青史，或者在情况允许时去创造历史，它就不能让自己被源于无法争辩的教条或者永恒的规则政策所束缚，并超越时空地把自己与变化所带来的铁的必然性分隔开来，否则，那简直就是自杀。"

墨索里尼的社论在社会党内部引发了激烈的辩论。1914年10月19日，社会党高层在博洛尼亚召开会议。会上，墨索里尼强调他的观点是有原理可依的，并重申党对他的批评是"简单而荒谬可笑的"。随后，会上发生了激烈的争论，结果是墨索里尼宣布辞去《前进报》编辑一职。一个月后，墨索里尼被开除出党。事实上，墨索里尼所阐明的这番道理绝不是他一个人的观点，其他许多社会党人也有类似的看法。这次世界大战要求社会主义者必须在国际主义的社会主义理念和民族主义的社会主义理念之间作出选择，从而导致了社会党思想上的严重分化。

社会党高层的纷争在青年学生和党员中也体现出来，当时还在学校读书的葛兰西和塔斯卡都参与了进来，并且分别表达了不同的观点。安杰洛·塔斯卡坚决反对墨索里尼的参战言论，他在 10 月 24 日出版的社会党都灵支部的周刊《人民呼声》上发表了一篇同墨索里尼观点针锋相对的文章，批评墨索里尼背离了社会主义永远不支持资本主义战争的原则，其提出主张的口号是荒谬的机会主义，重申意大利应该恪守"绝对的中立"。葛兰西的观点与塔斯卡有所不同，他的文章发表在 10 月 31 日的《人民呼声》上，这是他的第一篇政论文章，题目重复了墨索里尼"积极的和有行动的中立"这一提法，但安东尼奥·葛兰西更加关注的是如何将这次大战当作无产阶级革命的一个历史契机加以利用。葛兰西清楚地看到，社会党的改良派领袖不了解意大利工人阶级在这一严重的历史时刻所应担负的任务，他批评改良主义者"自己不想赌博，却让别人去赌，让别人去赢，他们想让无产阶级不偏不倚地旁观当前的事件，让事件本身为无产阶级制造时机，而这时敌人却在为自己制造良机，并为进行阶级斗争做好准备"。葛兰西认为，社会党在此时的任务完全不能限于通常的组织活动和经济斗争，如争取改善工人的物质生活，争取八小时工作制，同资本家谈判，等，而是要领导起解决整个国家生活中最重要问题的斗争，要迫使意大利资产阶级承认他们已经完全破产，"因为他们自命为民族的唯一代表者，已经将整个民族引上了绝路，我们的民族只有抛弃那一切直接使它陷于目前悲惨境地的制度，才能够摆脱这条绝路"。也就是说，在这篇文章中，葛兰西已经看到世界大战给无产阶级革命带来的机遇，社会的痛苦和混乱对于无产阶级来说恰恰是最有利的革命条件，战争可能成为革命的导火索。

事实上，葛兰西的这篇文章为他日后的政治道路埋下了不小的隐患。在党内，曾经有人多次因为这篇文章指责葛兰西的政治立场，指责他未与墨索里尼划清界限，而葛兰西本人也多次为这篇文章的观点作出检讨。然而平心而论，葛兰西在这里所反映出来的思想恰恰是一种政治的灵活性，马克思主义不是教条，它必须根据社会的动态变化寻找付诸实现的时机，毕竟马克思主义的内在精髓在于"历史的火车头"这一概念。如果说，列宁曾经灵活地把握了俄国革命的时机并最终促成十月革命的成功,那么,葛兰西在这里所表达的就是同样的思想。

反对《资本论》的革命

列宁领导的十月革命的胜利在全世界范围内引起巨大的反响,它建立了人类历史上第一个无产阶级政权,用铁一般的事实向世界表明建立一个不同于资产阶级统治的新型国家不仅是一种理论上的设想,更是一种现实的运动。人们把十月革命视作将马克思主义理论付诸实践的典范——尽管俄国革命的现实与马克思、恩格斯最初的理论设想之间有很大的差异。由此,亦引发出一系列重要问题:如何理解这种理论与实践的差距?十月革命具有普遍化的典范性吗?俄国革命与西欧革命存在本质的不同吗?在俄国革命与马克思理论的"原本"之间,是否存在不可逾越的差异?俄国革命的性质究竟是什么?这些问题成为西欧各国社会党和共产党领导者都非常关注的问题。

早在1917年俄国刚刚发生二月革命时,葛兰西就对俄国的革命运动表现出极大的关注。尽管意大利政府实行了严格的新闻检查制度,人们听到的关于革命的消息混乱、零散且相互矛盾,但沙皇被推翻,以及俄国正在发生革命的消息还是在意大利引发了强烈反响。葛兰西在 1920 年写给共产国际《关于都灵的共产主义运动》的报告中，描述了工人听到这一消息后的情景："俄国二月革命的消息在都灵受到了难以形容的热烈欢迎。工人们知道沙皇政权被彼得格勒工人打倒之后，激动得流出眼泪来。"无论如何，人们渴望了解这场革命的真正性质，了解它究竟是资产阶级自由派的革命，还是无产阶级革命。1917 年 4 月 29 日，葛兰西在《人民呼声》上发表文章，借以表达自己的政治意愿——"我们还是相信俄国革命这个事实，相信它是无产阶级的行动。它当然要导致社会主义制度的确立"。

不久，十月革命在俄国爆发，革命的热潮激起了葛兰西的极大热情，他密切注视俄国革命的发展，不断搜集从俄国传回的信息，组织翻译布尔什维克作者的文章，发表了有关俄国革命的第一批译文，积极向国内读者宣传、介绍俄国革命。与此同时，列宁作为一个伟大领导者的形象也在葛兰西的头脑中日益鲜明，他在探索能否借鉴俄国革命的经验，形成适用于意大利本土的革命策略。1917 年 11 月 24 日，葛兰西在《前进报》上发表《反对〈资本论〉的革命》，系统阐述了他对于俄国革命的理解，提出了他对于无产阶级革命的战略设想。

在这篇文章一开始，葛兰西就把俄国十月革命定义为

"反对卡尔·马克思的《资本论》的革命"。指出在俄国，马克思的《资本论》与其说是"无产阶级的书"，不如说是"资产阶级的书"，因为它批判地论证了事件应该如何沿着事先确定的进程发展下去，俄国的无产阶级甚至在还没有来得及考虑它本身的起义、它本身的阶级需要和它本身的革命之前就冲破了马克思所确定的历史唯物主义原则，直接夺取政权，建立了无产阶级专政。这是因为，马克思只预见到了可以预见的事情，却无法预见到欧洲战争，正是这场旷日持久的战争所带来的饥饿与死亡唤起俄国人民的集体意志，而布尔什维克所作的社会主义宣传则使无产阶级的阶级意识在历史的一瞬间戏剧性地苏醒，并且像火山熔岩一样摧枯拉朽，涤荡了封建主义和资本主义的残余，按照无产阶级的意志在任何地方、以任何方式为社会主义开辟道路。葛兰西认为，由列宁领导的这场运动虽然否定了《资本论》的某些结论，但并没有抛弃它富有生命力的内在思想，布尔什维克用明确的行动和所取得的成就证明：历史唯物主义的原则并不像人们可能认为和想象的那样是一成不变的。相反，蕴藏在人民中的巨大力量会在某一特殊的历史时刻迸发出来，从而改变社会既定的发展进程，推动人类文明的发展。在这一过程中，社会主义的宣传教育至关重要，它能够锻造出一种新的意识，使处于懒散状态的人团结起来，形成一股集体意志，进而完成革命的任务。

葛兰西通过这篇文章表达了一个基本观点：马克思主义并不是超时空的抽象的科学，革命策略也不应是僵死不变的公式与教条，一切都应根据历史的情势进行相应的调整，灵活地制定工人革命的策略与方针。在这里，葛兰西评价的虽然是发生在俄国的革命，但他的出发点仍然是意大利的政治现实。他关注俄国革命，并不是想将俄国的经验原封不动地运用到意大利本土，而在于理解俄国革命的独特性，以便进行一场"列宁式"的革命。有观点认为，葛兰西的这篇文章"充满黑格尔主义和克罗齐主义"，延续了德国和意大利唯心主义的思想传统，这一评价未免有失公允。应当恢复其写作时所处的政治氛围来评价葛兰西的这篇文章。从理论的政治指向上看，葛兰西本篇文章所针对的主要是意大利改良派的公式主义。因为当时改良派否认在俄国有可能发生社会主义革命，他们的论据是俄国比较落后，认为革命应该发生在资本主义比较发达的国家，如德国、英国或法国。葛兰西反对把马克思主义学说同自然现象的规律等同起来，拒绝将历史看作由无机的经济事实决定的必然的和自发的变革，对于葛兰西来说，历史不是数学计算；它没有什么十进制，没有服从于四则运算的等量累进计算，尤其是在无产阶级革命中，未知的、变化无常的"人性"要比任何其他事件中的情况更为复杂和神秘。葛兰西尖锐地批评改良派的主张，指出单纯从经济上解释历史现象是完全不够的，前提（经济结构）和结果（政治体制）之间的关系根本不是简单的和直接的，阐明这种因果关系是一个错综复杂的过程，因此，除了准确判断客观的历史情势之外，必须了解革命主体的欲望、要求和期许，庸俗决定论绝不是无产阶级争取解放的学说，而是使无产阶级坐等良机、无所作为的"惰性学说"。葛兰西高度赞扬人民群众在革命中所表现出的主动性与创造性，同时指出积极的革命宣传与动员对于发挥革命主体的能动性具有至关重要的作用。

"革新社会党"

在葛兰西整个青年时代的政治活动中，最令他困扰的问题就是革命党内部的意见分歧问题，也就是保守的改良主义与积极的行动之间的意见分歧。作为积极的行动派，葛兰西对社会党的民主化和工会化的倾向十分不满，他越来越清晰地意识到，意大利社会党是一个软弱、毫无生气和缺乏战斗精神的党。虽然党的规模从战前的五万人迅速增加到三十万人，但是，由于缺乏理论修养和政治经验，党的领导者完全没有能力掌控如火如荼的革命局势，他们无视工人群众的自主性和巨大力量，总是宣传说，准备革命是没有用的，主张调和阶级矛盾以实现所谓的"阶级合作"，从而陷入平庸的改良主义和工会官僚主义。

真正激怒葛兰西的，是改良主义者在 1920 年都灵工人"时钟罢工"中的表现。对于都灵工人的罢工，社会党领导人非但没有给予任何支持，反而把本应在都灵举行的社会党全国委员会会议也移到米兰举行，他们不愿意站在斗争的最前线，反而说在这个处于总罢工的城市不适于进行"社会主义"的争论。他们对都灵支部代表（陶里亚蒂、塔斯卡、特拉契尼）提出的举行全国总罢工支援都灵工人运动的建议置之不理，却号召"以更多的时间灌输共产主义原理和准备一支无产阶级武装力量"。对此，葛兰西抱怨道："当都灵的工人群众勇敢地捍卫工厂委员会时，在米兰，他们却在喋喋不休地空谈什么建立无产阶级政权的理论方案和办法。"另一方面，对于葛兰西与《新秩序》的主张，改良派亦斥之为"意志论者""柏格森信徒""冒险家"和"唯心主义者"，并以前辈的姿态称都灵的社会党领导者是"年轻人"。他们对都灵的工人运动没有提出任何建设性的意见，只是教条主义的批评。

葛兰西对社会党改良派的官僚做派和优柔寡断十分愤慨，用激愤的笔触代表整个青年一代的社会党人回答这些

"前辈"："党的机会主义领袖和工会的改良派领袖——这些几十年来在意大利社会党中占统治地位的虚无主义的宣传者，今天竟用老头子的怀疑态度嘲笑青年一代的无私努力，嘲笑布尔什维克革命所引起的澎湃的热情，他们应该感到羞耻，应该想到自己的责任，想到自己是怎样无能学习，无能了解和教育群众。我们青年一代应该和这批过时的人决裂，应该轻视他们。我们和他们之间有什么联系呢？他们创造了些什么？教了我们些什么？他们嘱咐我们保存了什么？我们在谈到他们的时候难道能够怀着敬爱和感激的心情说，他们给我们打开和指出了进行研究和探求真理的道路、帮助我们增长知识、指引我们前进吗？这一切，我们新的一代人都应该自己来做，用自己的力量耐心地来做。我们这一辈的意大利社会党人不把他们当作父辈；那些不工作的人、毫无创造的人、除了平庸的报纸短文之外不能给别人留下任何遗产的人，是没有权利嘲笑青年社会党人的缺点和努力的。"

1920 年 5 月 8 日，在经历了"四月革命"的失败之后，葛兰西深刻地总结了总罢工的经验教训，在《新秩序》上发表了题为《关于革新社会党》的文章，公开对社会党改良派在罢工中的表现提出批评："社会党在以旁观者的态度坐视事件的发展，从未发表过任何自己的见解，哪怕是根据共产国际和马克思主义的革命观点提出见解；也没有提出能被群众接受的、能指明总的方针，并能统一和平集中革命行动的口号。社会党作为工人阶级先锋队的政治组织，应该开展一系列行动，以使整个工人阶级能够取得革命的永久胜利。"葛兰西尖锐地指出，改良派主持的社会党已经同广大的革命群众越来越失去联系，往往是群众起来暴动，而党却置身事外，这个党在本质上仍然是一个议会党，不具有无产阶级政党所应具备的独立形象，其作用仍然被束缚在资产阶级民主所允许的狭小范围内，只是议会制度的拥护者，缺少革命的斗争精神。在这篇文章里，葛兰西大胆地提出改变意大利社会党的活动性质以及革新党的组织问题，指出"党应该具有自己的准确而清晰的形象，应从小资产阶级议会党变成无产阶级革命党"。葛兰西强调党的严格纪律性，坚决主张将不革命的党员从党内清除出去，认为"党应该发表宣言明确提出革命夺取政权的问题，要求工业无产阶级做好准备并武装起来"。

社会党都灵总支部一致批准了葛兰西关于"革新社会党"的建议，但意大利社会党的高层领导却对此置之不理。即使葛兰西的影响在意大利本土受到改良派的压制，但在1919和1920年期间，葛兰西的名声仍超出了都灵这个狭小的范围。葛兰西的革命活动已经引起共产国际的关注，共产国际驻意大利的工作人员弗·德戈特把葛兰西关于"工厂委员会"运动的报告交给了季诺维也夫，在会见列宁时，德戈特向列宁汇报了意大利共产党的情况，特地介绍了葛兰西领导的都灵工人运动以及《新秩序》的观点，列宁对此表现出极大的兴趣。针对"工厂委员会"运动，列宁指出："社会民主党支部的政治斗争要比工人们对厂主和政府进行的经济斗争广泛得多，复杂得多。同样（并且因此），革命的社会民主党组织也一定要与进行这种斗争的工人组织不同……工人组织应当是职业的组织……相反地，革命的组织所应当包括的首先并且主要是以革命活动为职业的人。"无论如何，列宁对"工厂委员会"运动总体上还是持肯定态度的，尤其赞同葛兰西"革新社会党"的主张。在1920年召开的第三国际代表大会上，列宁高度评价葛兰西以及都灵支部所提出的"革新社会党"的主张："关于意大利社会党，第三国际第二次代表大会认为，该党都灵总支部在1920年5月8日的《新秩序报》上向党的全国委员会提出的实际建议和对党的批评是正确的，而且是完全符合第三国际的一切基本原则的。"

共产国际与民族化道路

1919年3月2日，为了团结世界各国的革命左派，列宁在莫斯科成立第三国际，三十个国家的共产党和左派组织代表出席会议，通过《共产国际宣言》《共产国际行动纲领》等文件，旨在世界范围内推动共产主义运动，并与走向改良主义的第二国际决裂。在十月革命之后，西欧工人运动高涨，为"加速共产主义在全世界的胜利"，共产国际对各国的工人运动都有所指导和介入。

在意大利，在列宁（**及以后的苏联领导人**）所领导的共产国际与意大利共产党以及社会党之间始终存在着一种复杂的关系。一方面，共产国际代表着共产主义运动的权威和领导机构，它通过互派代表以及其他种种方式直接或间接地参与意大利共产党自身的事务中。意大利社会党的分裂以及共产党的建立，在很大程度上可以说是共产国际促成的。另一方面，相对弱小的意大利共产党既希望得到共产国际的支持，又渴望保持自身的自主性，不受外部控制地处理本国以及本党的事务。

对于葛兰西而言，他与共产国际的关系就更加复杂。在"工厂委员会"运动以及"时钟罢工"期间，葛兰西与社会党内的保守派出现了严重分歧，他曾经把关于"工厂委员会"运动的报告直接交给共产国际驻意大利的代表，正是这个报告引起了列宁对他的关注，并对他在报告中提出的思想给予了充分肯定。而作为意大利共产党驻共产国际的代表，葛兰西在莫斯科期间与共产国际的领导人接触频繁，关系密切。回到意大利，在与波尔迪加的斗争中，葛兰西亦获得共产国际的鼎力支持。然而，作为一名人格独立的知识分子，葛兰西始终坚持自己的独立思考，拒绝服从任何权威。尤其是在 1924 年，葛兰西当选为意大利共产党总书记后，他更是努力在共产国际的路线方针与意大利本国的具体实践之间寻找结合点，并坚信现实的革命战略应该是对俄国革命经验和列宁主义理论的创造性运用，而不是盲目地屈从。而且，性格执拗的葛兰西坚持共产国际中各国政党都应处于平等的地位，这在某种程度上是对苏联权威的一种反抗。以上种种情况，表明葛兰西与共产国际的关系并非简单明了，而是十分微妙的。

标志着葛兰西与共产国际之间关系出现裂隙的事件是他在 1926 年写给共产国际和苏联领导人的一封信。自 1924 年列宁逝世以后，苏联领导层内部出现了激烈的党派之争。在列宁逝世之前，列宁意识到可能出现的斗争与分裂，曾经口授一份"遗嘱"，对斯大林担任苏共总书记表示担心，他说："斯大林同志当了总书记，掌握了无限的权力，他能不能永远十分谨慎地使用这一权力，我没有把握……斯大林太粗暴，这个缺点……在总书记的职位上更是不可容忍的了。因此，我建议同志们想个办法把斯大林从这个位置上调开，另外指定一个人担任总书记。"然而，列宁的这一"遗嘱"并没有得到执行。在 1924 年 5 月召开的苏共第八次代表大会上，斯大林、季诺维也夫和加米涅夫达成同盟，共同反对托洛茨基。然后，斯大林又迅速与党内的右派（布哈林、李可夫、托姆斯基）和少壮派（莫洛托夫、伏罗希洛夫和加里宁）达成一致，共同反对托洛茨基、季诺维也夫和加米涅夫组成的反对派。双方先是就列宁"新经济政策"、随后又就"一国建设社会主义"还是"不断革命"进行激烈辩论，政治斗争达到白热化。

葛兰西密切关注着苏联领导层的斗争，敏锐地察觉联共（布）党内危机加剧并存在分裂危险，这必将影响列宁的党的团结和威信，从而对国际共运产生严重后果。1926 年 10 月 14 日，葛兰西以意共"政治办公室"的名义寄给共产国际和苏联领导人一封信，信中表明了自己的政治立场：支持联共（布）多数派，反对以季诺维也夫、托洛茨基、加米涅夫为首的左翼反对派，认为少数派应对联共（布）党内的严峻形势负责。但同时，他也呼吁多数派在内部斗争中采取克制态度，不要希望在"斗争中大获全胜"。因为，在葛兰西看来，俄国问题具有国际性质，俄国的十月革命是各国共产主义事业的楷模，苏联布尔什维克是共产国际的主导力量，一直领导着各国的社会主义运动，苏联领导人的一举一动已经不再局限于本土，而会在整个共产国际范围内产生举足轻重的影响。葛兰西担心苏联领导人之间的激烈斗争会使共产国际分裂，并影响到意大利共产党历尽艰难困苦的危机才逐步建立起的团结局面。对于葛兰西，一个团结统一的政党，无论犯下何种错误，都可以挽回其造成的损害。然而，党的分裂所造成的损害却是不可克服的和致命的。

因此，葛兰西异常焦虑地关注苏联共产党的党内斗争，他以一个兄弟党领导人的身份呼吁苏联共产党以团结为大局，维护共产党在思想和组织上的高度统一，为共产国际中的各国共产党作出表率。在这封信中，尽管葛兰西的措辞委婉含蓄，但表达的意思非常明白，他希望苏联共产党中央的内部斗争尽量平缓，不要采取过激措施，不要使党的团结处于危险境地。他提醒苏联共产党的领导人，他们是世界各国革命力量的组织者和促进者，肩负国际主义的义务，他们的行为必须以国际无产阶级的整体利益为最高准则。葛兰西的信是这样写的：

> 同志们，在过去九年的世界历史中，你们成了各国革命力量的组织者和推动者。你们在整个人类历史上所发挥的作用在广度上和深度上都是空前和无与伦比的。但是你们今天正在毁灭你们的事业，你们正在降低苏共靠列宁的贡献而争得的领导作

用，并且甘愿冒功败垂成的危险。我们认为，你们热衷于俄国事务，因而忘记俄国事务本身的国际方面，忘记了你们作为俄国战士只能而且必须在国际无产阶级利益范围内履行的职责。

葛兰西把这封信交给当时意大利共产党驻共产国际的代表陶里亚蒂，请他转交给苏联领导层以及共产国际的领导。他在给陶里亚蒂的信中表示"这份文件是匆匆写就的，您可以对细节或体例作修改，但实质性用词务必保留"，葛兰西渴望苏联领导层能够重视他的意见，尽力避免分裂，维护团结。然而，陶里亚蒂却认为，托洛茨基已经被斯大林击败，现在主要的问题不是斯大林的立场是否正确或者联共是否应该在列宁逝世以后仍维持统一，而是要同俄国的多数派保持一致，无条件地支持斯大林为代表的多数派。因此，他这样回答葛兰西："毫无疑问，苏联共产党的内部生活是严酷的。但这是应该的。如果西方的党想对它的领导进行干预，使它失掉这种严酷性，那么他们将犯一个极其严重的错误。"葛兰西收到了陶里亚蒂的信，这是他们之间最后一次通信。

应当说，历史证明葛兰西的担心是有根据的，他的看法颇具前瞻性——斯大林对反对派采取了断然措施。联共（布）中央和中央监察委员会1926年10月23日至26日开会投票的结果是：托洛茨基和加米涅夫被开除出政治局，季诺维也夫被免去共产国际主席团的职务，后来在 30 年代的"大清洗"中，季诺维也夫、加米涅夫、布哈林等反对派首领又以"叛国罪"被处决。这样，斯大林破坏了列宁确立的民主集中制，从党内民主的缺失到忽视社会主义民主与法制的建设，加上多种复杂的国际国内因素的长期积累，从而在某种意义上，为日后的苏联解体和东欧剧变埋下祸根。

南 方 问 题

葛兰西深深植根于撒丁。他早年生长在撒丁，在那里度过了贫困的少年生活，目睹了社会的不公和巨大的社会分化，亲身经历了撒丁岛早年的斗争与骚乱。因此，葛兰西的一生总是关注故乡撒丁落后的社会状况与乡土文化，具有很强的"撒丁情结"。可以说，对南方问题的思考贯穿了葛兰西生活的各个阶段：他在吉拉扎村和圣卢苏朱中学的童年时代曾经思考过这个问题；他到卡利亚里上中学、阅读萨韦米尼的著作时思考过这个问题；他在都灵读大学，然后从事新闻工作时思考过这个问题；而作为共产党的领导人，在考虑无产阶级革命事业时，他仍然要思考这个问题；甚至，在被法西斯分子抓进监狱的前几天，葛兰西仍然在写关于南方问题的报告。

葛兰西的故乡撒丁岛是一个拥有富饶矿产资源的岛屿，其中铁矿、银铅矿、铜矿、锑矿十分丰富。但在 20 世纪初期，撒丁岛却仍然是一个以农业为主、处于原始经济状态的封闭岛屿。在这里，人们仍然以收割牧草、种植葡萄、渔猎、打柴和生产农畜产品为主要谋生手段。到处都是低矮阴暗的房子和弯曲狭窄的街道，人们穿着古老的服饰，恪守着古板的宗教教义，思想观念封闭落后，对现代化的经营和生产方式一无所知。主宰撒丁经济的是奶酪产业和矿业，但也正是这两个产业突出体现了葛兰西所谓的南方问题。

首先说说奶酪产业。在 20 世纪初期，由于认为在撒丁开设奶酪厂有利可图，许多来自罗马乃至更北地方的工业家纷纷将奶酪工厂迁到撒丁岛。一方面是资本的大量流入，另一方面是这些资本家彼此处于最初的自由竞争阶段，撒丁岛的牛奶收购价格曾一度上扬，使得许多原本从事葡萄和橄榄种植的撒丁人纷纷放弃原有的产业，转而将力量集中到奶牛饲养。大量的耕地被用作牧场，相应地，面粉、蔬菜、农副产品由于种植面积减少而价格提升，不仅损害了城市居民的利益，撒丁农民也没能从中得到好处。因为，在撒丁岛农民是小土地所有者，拥有"手帕那样大"的小块土地，所收获的谷物与农副产品仅够应付家庭所需，没有剩余的农产品流入市场以获取利益。后来，奶牛饲养者们的收入也每况愈下。从事奶酪产业的资本家在初步完成市场的划分之后不断联合起来，成立联合公司，完全垄断了牛奶收购市场，牧民们丧失了讨价还价的权利，只能听任资本家操控市场，更有甚者，在撒丁这一奶酪生产地以高于国际市场的价格出售其产品。因此，当地人有一形象的说法："吃奶酪的人需要有一副金牙齿。"

农业危机导致农村大量剩余劳动力过剩，而当时，撒丁岛唯一能够吸收部分农业失业劳动力的工业部门是采矿业。大部分矿主并不是本地人，而是来自意大利北方资本主义较为发达的地区，他们掌握大量资本，并以北方人特有的傲慢态度对待南方的破产农民，因此造成一种表面上基于地域划分的人与人之间的对立。大批撒丁农民被招到矿区，他们工作时间长、劳动强度大，没有休假的权利，工资发放不及时还经常受到克扣，生病也要扣工资，甚至会被开除。工人们像牲口一样住拥挤的工棚，每天要连续工作十一个小时以上。从早上六点钟到下午五点钟，他们必须时刻待在矿上不停地工作，就连吃饭也要被迫边工作边吃带有矿石灰尘的黑色小块面包，其劳动条件与罗马时代金属矿里的奴隶并没有多大区别。一位医生证实："在我所解剖过的许多尸体里，我发现矿工们的肺完全被煤染黑了……他们吐出的痰是黑的。"不仅如此，工人们的生命安全亦得不到保障，不时有矿井塌方渗水的事件发生。人的生命如同枯草一般脆弱，而他们从资本家手中得到的赔偿却少得可怜！

总之，在葛兰西的少年时代，撒丁岛正陷入"风暴之中"，各种社会矛盾频频爆发——农民因为破产而火烧奶酪厂，矿工为争取较好的工作待遇屡屡举行罢工。对于工人的反抗，政府毫不留情地予以镇压，不断增派大批步兵、海军和宪兵登陆撒丁岛。所有这些现实中发生的历史事件都对少年时期的葛兰西产生了深刻的影响，促使他思考自己所处的时代，并对这个社会及其未来进行反思。

当然，最初的一些想法总不免有些幼稚与不成熟，比如在少年时代，葛兰西对于南方问题的思考就带有强烈的地方民族主义色彩，本能地将南部撒丁的农民与所有北方人对立起来，认为是北方的大陆人造成了撒丁的贫困。他密切关注萨韦米尼的文章，希望从中获取解决南方问题的钥匙。萨韦米尼是一位强硬的"南方主义者"，企图走极端分裂的撒丁主义道路，把反抗的矛头对准大陆上的富人和镇压性的国家机器，在北方与南方之间划出一道泾渭分明的界线，提出"把北方人扔进大海"的口号。受萨韦米尼影响，少年葛兰西也和许多"南方主义者"一样，意识到意大利分裂成两部分是十分不公道的，一部分地区在进步的大道上前进，而撒丁、西西里和意大利南部其他地区却似乎不能享有进步的权利。此时，葛兰西虽然胸中燃烧着激情的火焰，但头脑中并没有清晰的革命纲领和路线，只是简单地认为，撒丁岛应该通过反对大陆和大陆人的斗争，为争取自己的自由、福利和进步而奋斗来拯救自己。

在目睹了1913年撒丁岛的选举风潮之后，葛兰西开始意识到"把北方人扔进大海"这一口号的错误所在。造成撒丁贫困的，并不是宽泛意义上的大陆人或北方人，南方的反动集团同样是这一压迫阶级的一分子。"撒丁主义"本身便是一块含混不清的招牌，这块招牌把贫苦农民与尚未获得政治特权的资产阶级聚合在一起，本身就带有欺骗性和迷惑性。相应地，在北方的都灵，那些受压迫、受剥削的汽车工人，虽然不是南方人，却同南方的农牧民一样遭受着资本家的奴役，与南方的被压迫者有着同样悲惨的命运。至此，葛兰西深刻地感到，解决撒丁问题的钥匙并不在于简单化地用一种地域上的南北对立来解释南方的贫困与压迫，而恰恰在于取消地方观念，用一种新的联合观念——阶级的观念来思考问题。可以说，正是家乡的这次选举使葛兰西从"撒丁的"葛兰西转变为"民族的"葛兰西，使他深切地意识到必须"克服撒丁人在本世纪初那种落后的思想和生活方式，以便掌握一种再也不是地区性的和乡村式的，而是民族的思想和生活方式"。

进入意共领导阶层后，葛兰西在组织工厂工人进行革命运动的过程中，依然不忘思考南方的农民问题，而且渐渐趋向于将二者放在一起进行思考。葛兰西由衷地意识到，尽管马克思主义理论要求城市工人成为革命的先锋，但正是农民从根本上造成了革命的高潮，这些农民群众给予革命以最大的支持，是工人运动强大而必不可少的同盟军。因为从意大利的实际情况看，无产阶级只是劳动群众中的少数，力量相对薄弱，只有取得包括广大农民群众在内的最广泛认同，引导农民与城市工人进行合作，无产阶级革命才能在意大利取得真正的胜利。因此，如何理解农民群众的利益要求，并把这些要求纳入共产党的革命纲领，是葛兰西此时思考的重点所在。

1926 年秋，葛兰西开始撰写关于意大利南方问题的文章。他采用马克思主义的历史与阶级分析方法，对意大利南部农村的经济和政治格局进行理论分析，尤其对南方社会的阶级构成作了细致的划分。葛兰西认为，南方社会存在三种社会集团。其一，是一盘散沙的广大农、牧民。他们处于整个社会的底层，经常受到饥饿的威胁，具有革命的本能要求。但是，由于无知和缺乏组织，他们出于革命自觉而采取的行动往往会导致灾难的后果，他们会成为强盗而不是革命者，成为劫富济贫的绿林好汉，而不是有着坚定革命信念的战士。其二，是中小土地所有者。他们不是农民，自己不耕种土地，生活上较为富足，能送子女接受高等教育，他们及子弟多半从事军官、国家文职人员、教士、医生和律师等职业。这些中小土地所有者从压榨农民劳动中获取利益，同时也用虚伪的面纱和巧妙的欺骗手段麻痹农民，赢得他们的好感，是将南方农民与大地主以及北方资本主义资本家和银行家联系在一起的媒介。其三，是大地主和大知识分子，他们控制着南方的经济和意识形态，极力维护对农民的统治，反对革命的发生。

葛兰西指出，在过去数十年中，农民阶层对中等阶层知识分子有着很大程度的信赖，他们在医疗、诉讼、借贷等方面有求于这一阶层，在精神上亦希望获得他们的指导。葛兰西特别指出了教会在农民中的影响，注意到教士阶层对于农民意识形态的指导作用，对罗马天主教的组织和宣传方式及其与农民的精神联系深感兴趣。葛兰西认为，如果共产党企图打破传统势力核心对农民的束缚，争取农民阶级成为无产阶级运动的一部分，就必须形成一个左翼知识分子阶层，他们将是新型的中等知识分子，向农民宣传自己的革命理想与目标。这一阶层将与教士集团竞争，创造与天主教教义具有同样历史重要性的意识形态，说服农民，使他们确信自己与无产阶级具有共同的基础、共同的目标和共同的愿望。这是一篇富有启发性的政论文章，初步探讨了知识分子在社会中的作用以及统治集团在群众中实施领导权的方法，提出了许多新颖的政治课题。

第6章

用生命书写：葛兰西《狱中札记》的哲学与政治思想

《狱中札记》

《狱中札记》是葛兰西在法西斯阴暗潮湿的监狱里创作的一系列有关政治、文化、宗教等方面的论文、随笔和感言的总称。在《狱中札记》中，葛兰西对自己的人生历程与革命经验进行了理论上的回顾与总结，批评了苏联的官方哲学和政治体系，提出实践哲学和文化霸权理论，对有关知识分子理论、党的建设、美国福特制对人类历史的影响等重要问题进行了探索。这些命题丰富了马克思主义理论宝库，他提出的许多富于创见的革命设想和高度前瞻性的政治理念，即使在今天仍然具有重要的现实意义。《狱中札记》卷帙浩繁，内容丰富，思想独特，是葛兰西用生命和鲜血书写的光辉著作，也是他人生壮丽的里程碑，体现了他思想的高度与生命的尊严。

早在 1926 年被捕之初，葛兰西就已经作好充分的心理准备，他十分清楚，墨索里尼绝不会轻易地放他出狱，等待他的将是漫长的刑期。因此，葛兰西打算借此机会对自己的思想进行系统的梳理，同时对以往关注但没有时间深入思考的理论进行研究。他制订了一项系统而庞大的研究计划，其中的题目包括文学、艺术、政治、经济、哲学、宗教以及社会生活的其他方面。

1927 年 3 月 9 日，即在他被捕后的第四个月，葛兰西写信向塔吉娅娜透露了他的想法。他写道："我有这样一种强烈的愿望：要根据歌德的概念做些'永久'性的事情……我想根据一项既定计划紧张而系统地研究一些能吸引我，使我的'内心生活'完全倾注其中的题目。"在这时，他初步考虑了四个方面的题目：一为意大利知识分子历史研究；二为比较语言学研究；三为论皮兰德娄戏剧；四为通俗小说和民间文学。

1929 年 2 月初，葛兰西郑重地在一个笔记本上写下

"1929年2月9日"，随后列出他要研究的主要题目，内容涉及哲学、政治、历史、经济、文学等各个领域，这就是著名的《狱中札记》第一册。这些题目有：（1）历史理论和编史学；（2）1870年前意大利资产阶级的发展；（3）意大利知识分子派系的形成及他们的发展和立场；（4）作为民间文学的连载通俗小说和它长期流行的原因；（5）卡瓦坎泰·卡瓦坎蒂在《神曲》的结构与艺术中所占的地位；（6）意大利和欧洲的天主教运动的产生与发展；（7）民俗学的概念；（8）监狱生活的经验；（9）南方问题和岛屿问题；（10）对意大利居民的看法；（11）美国热和福特主义；（12）意大利的语言问题、曼佐尼和格·伊·阿斯科利；（13）"共同志向"；（14）有代表性的杂志：理论性的、历史批判性的、普通文化性的（普及性的）；（15）新语法学家和亲朋语言学家（"这张圆桌是方的"）；（16）布雷夏尼神父的徒子徒孙。

从1929年到1935年，葛兰西以顽强的意志战胜了常人难以想象的困难，写就《狱中札记》三十三册，共计二千八百四十八页。其中，有二十一册是在杜里监狱写成或动笔的，这些札记内容零散，有的是一篇文章的初稿，有的是一些思想灵感忽然迸发时匆忙记下的便条，有的则是简短的概要性东西，有的则是一些资料的抄录，总之，这一时期的札记多半是一些灵感的断章以及初步确定的理论命题，在结构上是零散的，内容上往往相互交织，有待系统整理、扩展与重写。在福尔米亚，葛兰西又写作了十二册札记，同时对在杜里已经动笔写作的五册札记进行了整理。现在已经不是资料的堆砌，而开始出现葛兰西自己思想的完整而系统的阐述。在葛兰西的这些札记中，能够代表他思想的有：第三册《关于贝内托·克罗齐哲学思想的研究》；第六册《关于文学评论的问题》；第十册《关于民族复兴的笔记》；第十八册《对布哈林〈马克思主义社会学普及教科书〉》一书的评述，对各种哲学问题的探讨以及对拉布里奥拉、金蒂莱、索列尔、蒲鲁东等人思想的评述；第二十九册《对知识分子史的研究》；第三十册《关于马基雅维里政治的短评》，其中包括对各政党的研究，对形势和力量对比的分析，对经济主义、独裁政治和文化领导权、意志中心论的分析。1935 年夏，葛兰西的身体每况愈下，不得不中止《狱中札记》的写作，此后再也没有能够修改和整理他的笔记，《狱中札记》成为葛兰西用鲜血与生命书写的人生里程碑。

1948 年至 1951 年，为了纪念葛兰西，意大利艾纳乌迪出版社出版了六卷本的《狱中札记》，分别是《历史唯物主义与克罗齐哲学》（1948）、《知识分子与文化组织》（1949）、《文艺复兴》（1949）、《关于马基雅维里、政治和现代国家的笔记》（1949）、《文学与国民生活》（1950）以及《过去与现在》（1951）。《狱中札记》的出版，向世界展现了葛兰西思想的深度和广度，其中许多理论构想和实践策略即使在今天仍然具有重要的现实意义。作为政治思想家，葛兰西提出了关于市民社会、国家、政党、领导权等一整套思想，在理论上总结了大工业时代无产阶级革命的斗争经验，蕴含着许多独创性的见解，为葛兰西赢得了世界性的影响。

实 践 哲 学

葛兰西在《狱中札记》中把马克思主义称为"实践哲学"，这固然含有迷惑监狱检察官的目的，但实践哲学这一术语仍然精确地表达了葛兰西的政治哲学思想，反映了他对马克思主义哲学的基本理解。葛兰西是列宁的崇拜者，在他看来，如果说马克思创立了一种新的世界观，使共产主义理想"从乌托邦到科学"，那么，列宁则通过政治行动将这种新的世界观运用于实践，使这一理想"从科学到行动"，二者具有同样重要的地位。实践哲学所强调的，正是这种哲学与政治、思想和行动的统一，葛兰西甚至宣称："唯一的'哲学'就是行动中的历史，也就是生活本身。据此，人们可以解释德国无产阶级是德国古典哲学的继承人这一命题，也由此人们可以断言，伊里奇·列宁开展的霸权的理论化和现实化，也是一个伟大的'形而上学'的事件。"

显然，对于葛兰西，"实践"二字准确地标示出马克思主义哲学最本质的特点："它本身包含着创建全面定型的世界观，一种总的哲学和自然科学理论所必需的一切基本因素，它还包含着促使一个完整且实际的社会组织活跃起来，即形成一种全面完整的文明所必需的一切。"这即是说，"实践"不是一种被动的、以模仿、描述和观照客观世界为宗旨的认识行为，而是一种具有创造性的历史行为，它绝对不是一套由个人创制的概念体系，而首先是一场改变民众智力的"文化战斗"。葛兰西将实践哲学视为一种开辟了历史新阶段和世界思想发展新阶段的完整的、原发性的哲学。它是伟大的无产阶级革命的先导，通过精神和道德的改革，实践哲学被越来越广泛的人民大众赞同与接受，人们创造历史的热情被激发出来，投入积极的行动中。他这样描述实践哲学的历史作用："文艺复兴和宗教改革、德国哲学和法国革命，卡尔文主义和英国古典经济学，世俗的自由主义和植根于整个现代生活观的这种历史主义。实践哲学是这整个精神和道德改革运动的顶峰，它在对立的大众文化和高级文化之间形成了辩证法。它实现了新教改革与法国革命的结合：它既是一种政治的哲学，又是一种哲学的政治。"

那么，与以往的哲学相比，实践哲学具有什么样的特点呢?

第一，实践哲学是一种大众哲学，它认为"所有人都是哲学家"。

葛兰西认为，实践哲学打破了这样一种偏见，即认为哲学只是由特定范围内的专家或专业的和系统的哲学家所从事的专门性智力活动。实践哲学认为，每个人都拥有"自发的哲学"，这种哲学体现在：（1）语言中，语言本身代表了一定的观念和概念的总体；（2）"常识"和"健全的知识"中；（3）民俗中，即一系列包括信仰、迷信、观点、道德、伦理观念中。

葛兰西之所以提出"所有人都是哲学家"的命题，是因为他认为，以往哲学的最大弱点在于它们不能在上层和下层、普通人和知识分子之间创建一种统一的意识形态，因此就缺乏创造历史、创造新型文化的群众基础。一种哲学只有洗掉自己身上带有个人性质的知识分子要素之后，才能变成鲜活的、有生命力的哲学。因为，历史的行动只能由"集体的人"来完成，"创造一种新文化并不是意味着一个人自己'独创性'的发现，而应是意味着对已经发现的真理以批判的方式加以传播，也可以说是使之'社会化'，甚至使它们成为生命冲动的基础"。显然，在葛兰西那里，真正的哲学并不是哲学家个人的智力活动，而是一种群体的事业，其作用在于给予人们的活动以自觉的方向和必然性的说明。

葛兰西试图把"哲学""群众""历史的创造"联系在一起，认为只有经过系统性哲学思维锻造的人民大众才能创造历史，一种哲学的历史价值也只有按照它所能够获得的实践的广泛程度来加以衡量。"所有人都是哲学家"这一命题反对将实践哲学定义为某种少数知识分子的智力活动，而强调它可以成为"集体行动的准则"，成为一个社会集团共同接受的观念和信仰体系。对于葛兰西，用哲学"引导人民大众进行融贯的思维，和以同样融贯的方式去思考现实的当今世界，这比某一位哲学天才的发现或是知识分子小集团的真理，要更为重要和'独创'得多"。

第二，实践哲学首先必然以论战的和批判的姿态出现，同以往的"常识"进行斗争。

在提出"所有人都是哲学家"的同时，葛兰西也指出，每个人都固有的"自发的哲学"必然带有种种限制与束缚。因为首先，人们在获得自己的世界观的时候，总是属于一个特定的社会集团，采取某一社会集团的思维方式和行动方式。其次，在"自发的哲学"中，人们对世界的看法常常是零散的、无系统的和偶发的，各种观念经常以一种混杂的方式存在。比如，在一个人的世界观中，可能同时包含石器时代的要素、较为发达的科学时代的理念、属于地方层次的偏见和本能的直觉等等，这些因素彼此独立，有时甚至可能相互冲突，缺乏系统性和融贯性。最后，如果说每一种语言都包含世界观和文化的要素的话，那么就存在语言之间的沟通与翻译问题，而只讲方言或不完全理解标准语言的人必然带有或多或少的狭隘和地方性的直觉。这些限制与束缚决定实践哲学首先必然以论战的和批判的姿态出现。

实践哲学并不是"从零开始，把一种科学的思维方式引进到每个人的个人生活中来，而是对于已经存在的活动加以更新"，因此，实践哲学的首要任务就是要挑战和批判"常识"。葛兰西这里所说的"常识"是指一种不加批判的世界观，是人们在一个共同社会中，对日常生活未加反思便自然而然持有的态度。常识中沉积着各个时代、不同社会集团的价值观念和生活态度，其中亦存在某些真理性的成分，但是，这是一种不系统的真理性，需要在批判的基础上对它们进行重建。批判常识和人们自己的世界观，就意味着"使之成为一处融贯的统一，并把它提高到世界上最发达的思想水平。所以，它也意味着批判一切以前的哲学，因为它们在民间哲学中留下了冲积层的沉淀。这种批判的研究以'意识到人们在实际上是什么'为出发点，以'认识你自己'是历史过程的产物为出发点，这种历史过程在你身上留下了没有清单的无数痕迹"。

第三，实践哲学坚持绝对的历史主义立场，强调哲学的具体历史化以及它和历史的同一。

实践哲学认为，不能将哲学同哲学史分割开来，也不能把文化同文化史分割开来。人们的世界观其实是对现实所提出的某些特定问题的一种理论上的反映，因此，必须清醒地意识到世界观的历史性，了解"这种世界观所代表的发展阶段以及它同其他世界观或其他世界观的要素相矛盾的事实"，只有在此基础上，才能有目的地对以往一切历史时代的思想和意识形态进行系统批判，从而形成有机的、融贯的世界观。

葛兰西反对从黑格尔到克罗齐的唯心主义历史观，这种历史观强调抽象的"绝对精神"，在思辨的理论层面虽然头头是道，然而，却不能解决实际的历史问题。葛兰西认为，每一时代哲学上的重要问题都是关于这个时代的社会结构的问题，随着社会历史的变迁，现实的政治结构、经济结构以及人们的思想意识形态必然会经历一系列变化，在这种情况下，就需要革新原有的哲学观念，以满足理解新时代的现实要求。在这种情况下，真理是相对的，不存在绝对的真理，"历史主义的态度，也就是把自己的哲学思想作为历史长河中的一个暂时的阶段"，"任何一种被认为是永恒的和绝对的'真理'都有其实践的来源，都代表'暂时的'价值"。因此，真理的合理性，特别是思想模式和世界观的合理性必须依据历史条件来规定，一种世界观，只要它能够满足社会的需要，就能够引导这个时代并成为社会主导的世界观，获得意识形态领导的主导权。

这样一来，就原始社会、奴隶社会和封建社会乃至资本主义社会曾经出现过的各种意识形态来说，它们可能都曾经对于解决具体的社会问题作出过贡献，因此它们都具有某种程度的真理性，被人们所信奉、所遵从。以宗教为例，"在一定的历史时期，在一定的历史条件下，宗教曾经是而且还继续是一种'必然性'，一种人民群众的意志所采用的必然形式，一种使世界和现实生活合理化的特定方式，这为现实的实践活动提供普遍性的框架"。然而，随着时代的变迁，过去曾经起过进步作用的某些思想因素会在新的时代条件下丧失其存在的合理性甚至会成为时代发展的束缚与桎梏，不存在对于所有时代都适用的绝对真理，真理总是具体的、相对的、历史性的。不可能用一种为了研究过去而且往往是遥远的和已被取代的过去而制定的思维方式，去考察现在的、具体的社会结构，如果有人一定要这样做，那么，就意味着他是不合时宜的，是一块化石，而不是生活在现时代。因此，葛兰西强调"思想或哲学并不是另外的思想或哲学的产物，而是现实历史发展的不断更新的表达。历史的统一（即唯心主义者所说的精神的统一）不是一种事先规定的假设，而是一个不断发展的过程。具体现实的同一性决定着思想的同一性，而不是相反"。

文化与文化霸权

葛兰西在青年时代曾经深受克罗齐思想的影响，把国家视为伦理与政治双重因素的结合。在《狱中札记》中，葛兰西仍然沿袭了这一思路，但是，与克罗齐将社会变革的动力完全寄托在精神与道德的变革不同，葛兰西开始从社会的物质层面以及政治的实际操作层面思考文化因素在国家统治中的作用。他一方面肯定伦理国家的精神价值，另一方面已经开始探索关于意识形态的国家机器之运作方式。

在我看来，对伦理国家、文化国家所能做的最合理、最具体的说明是：任何一个国家，只要它把提高广大人民群众的道德文化水平并使之符合生产力发展的要求，从而符合统治阶级利益作为自己的主要职能之一，那么它就是一个伦理国家。在这个意义上说，作为积极的教育职能的学校，以及作为压制性的和否定的教育职能的法院，就是最重要的国家活动。然而在现实中还有许多其他的所谓私人的创造性活动也趋向于同一个目的，这些首创性活动形成统治阶级的政治和文化霸权机构。

在这段话中，葛兰西提出了"文化霸权（Cultural hegemony，hegemony）"，或译"文化领导权"概念。这是葛兰西政治思考中的一个独特概念，它兼具"领导权／统治权（Leadership/ Domination）"双重意蕴，系指统治集团不依靠强制和暴力，而通过潜移默化的影响建立一套世界观和生活习俗来取得意识形态上的支配地位，在从属集团自愿和赞同的基础上获得政治的合法性。从来源上，葛兰西的"文化霸权"概念是从列宁、普列汉诺夫提出的"霸权／领导权"概念中获得灵感的，但是，与列宁、普列汉诺夫不同。后者对"霸权／领导权"概念的使用主要是在政治领域，其含义是：为了推翻沙皇专制制度，工人阶级必须与农民结成联盟，并在其中取得革命的主导作用，赢得民主革命的领导权。葛兰西虽然偶尔也在一种宽泛的意义即政治、知识与道德领域使用这一概念，但他更主要的是强调一种狭义上的文化领导权，专指知识与道德的领导权。

显然，葛兰西在这里对"统治权"（暴力等强制性权力）与"领导权"（知识和道德上的引导）的意义进行了区别和划分。他写道："一个社会集团本身的优越性表现在两方面：是'统治'，也是'知识和道德领导'。一个社会集团统治敌对集团，目的是'消灭'或使它屈服，甚至使用武力；它领导自己的集团和联盟的集团。一个社会集团可以，也的确必须在赢得政权之前已经执行'领导'（**这无疑是赢得政权的主要条件之一**）；当它执政时随即成为统治者，但即使它在牢牢掌握政权时，它还必须继续进行'领导'。"在这里，葛兰西继承了意大利政治思想传统，把权力的运作与实施分为两种形式。一种是强制的形式，主要通过强制性的国家机器如军队、警察、法院等机构从外部规范人的行为，迫使他们服从统治阶级的统治与命令。另外一种运作方式是非暴力、非强制性的，即用知识、思想、道德和教育等非武力的方式争取其他社会集团对本社会集团积极赞同与自觉服从，引导它们主动融入由该社会集团为主导的权力结构中来。很显然，经过如此改造的"霸权"，压制性的特征被慢慢削弱，或者说，此种"霸权"弱化了权力结构的对抗性，由于它赢取了更多数人的"积极赞同"与"自觉服从"，因此，它比单纯的暴力统治要坚固并更富有韧性。

同时，葛兰西在"文化霸权"这一概念中还特别强调了"知识与道德的领导权"的一个重要特点，即在一个社会集团取得政权之前，它可以也应该进行争取文化领导权的斗争。葛兰西充分强调了被统治阶级意识形态的重要作用，认为被统治阶级并不是完全被动地接受统治阶级世界观和价值形态的灌输。相反，它可以通过智力和道德上的"吸引力、感召力和同化力而不是强行获得某种思想上的权力形式"。对于无产阶级来说，在取得最终的胜利之前，它必须步步为营，逐步夺取资产阶级在思想文化和社会生活等各方面的领导权，消除它的抗震能力，同时，恢复无产阶级的社会主体意识，把工人阶级由政治过程的客体变成主体，在革命过程中按新的指导思想组织起来，形成共产主义的社会关系和文化样式，为无产阶级摧毁一个旧国家，建立自由公正的社会奠定基础。

那么，文化上的领导权是如何建立起来的呢？一个社会集团又应该通过何种手段，取得广大人民群众对其意识形态的支持与赞同呢？葛兰西主要强调两点：第一，要永不疲倦地重申自己的论据，重复是影响人民群众思想的最好手段。第二，要不断地提高工人阶级的文化素质和智力水平。这意味着要努力培养一种新型的知识分子精英，这种精英直接从群众中产生出来，同群众保持着紧密接触，并在与群众的接触中，知识分子精英重新体验大量的意识形态上的一致性要求，从而制定出最适于这个集体的哲学意识形态。为了说明自己的这一观点，葛兰西从意大利独特的天主教传统出发，把为无产阶级争取意识形态领导权的知识分子阶层与天主教的教士阶层进行类比，认为"如果共产党企图成功地取代天主教运用其教义在农民中产生影响，它就必须去竞争。不仅要创造具有同样历史重要性的意识形态，而且还要使自己成为等同于教士阶层的知识分子阶级，以便说服农民，使他们相信他们两者之间是紧密关联的，拥有共同的基础、共同的目的和共同的愿望"。

　　总之，葛兰西的"文化霸权"概念是对马克思主义革命理论的一个重要创新，它扩展了政治斗争的领域，将无产阶级的政治斗争推向更加复杂多变，更加丰富多彩的文化领域。在一个统治阶级的主导权力已经巧妙而普遍深入地渗透到日常习俗的社会中，统治者的意识形态已经紧密地与"文化"本身交织在一起，在这种情况下，企图消除现存的世界观或者以全新的、系统化的世界观来整体取代它是不可能的，必须与现存的各种意识形态进行"对话"和"谈判"。因此，在葛兰西关于文化领导权的理论构想中，"联盟"和"谈判"显得异常重要。"联盟"意味着推行文化领导权的条件是必然以一种差异性的主体为前提，这一主体由工人、农民、知识分子和其他反对资本主义的阶级所组成，由于身份的不同，其中的思想观念必然是繁杂而多元的。"谈判"则标示着葛兰西霸权理论最为独有的特征。为了夺取文化领导权，一个社会集团必须与对立的社会集团、阶级及其价值观进行谈判，这种谈判的结果是一种真正的调停与妥协。换言之，霸权并不是通过剪除其对立面，而是通过将对立一方的利益接纳到自身来维系。在这里，"霸权"描述的绝对不是强力，而是指通过语言和话语，通过教育、引导和谈判使得意识形态的权威性得以扩散，使异己的力量产生"积极的和直接同意"。正如葛兰西在《狱中札记》中对法国大革命所分析的那样，他认为雅各宾派之所以赢得第三等级及一般大众的支持，就是因为他们实际上"不仅代表着构成法国资产阶级具体个人的直接需要和愿望，而且也代表着作为历史发展组成部分的整个革命运动。因为他们同时代表着未来的需求，不仅是那些特定个体的需求，而且还是所有要被吸纳入现存主要集团的民族集团的需求"。在这里，葛兰西认为，意识形态领导权的获得不仅源于本阶级的支持，更重要的是它体现未来的需求，体现联盟中所有集团的利益，甚至包括被统治阶级的意愿与文化要求。

现 代 君 主

意大利自由主义哲学家克罗齐曾经称马克思为"无产者的马基雅维里"，而葛兰西则借用马基雅维里的名著《君主论》的标题，把政党称为"现代君主"。"现代君主，即君主的神话，不可能是某一个真实的人，一个具体的人，它只能是一个有机体，一种复杂的社会因素，由于它的存在才可以使集体的意志……采取具体的形式。这种有机组织已经在历史的发展中产生出来，这就是政党，即社会中最首要的细胞，在这一细胞中，集体意志之萌芽聚集起来，力图成为普遍的和无所不包的东西。"葛兰西还雄心勃勃地计划写一部著作，名字就叫《现代君主论》，把马基雅维里在 16 世纪对意大利政治局势的分析方法运用于当代社会，从而为 20 世纪提供一种政治模式或政治神话。

同马基雅维里一样，葛兰西认为政治既是科学又是艺术，从事政治以及意识形态领域的斗争不仅要掌握经济领域的动态，分析阶级力量的对比，还要善于把握时代的情绪，积极向广大人民群众宣传政党的理念和目标，争取文化上的领导权。早在 1917 年在《前进报》上发表《反对〈资本论〉的革命》一文时，葛兰西就意识到政治宣传对于无产阶级革命的重要性，他指出，正是关于社会主义的宣传使得俄国的无产阶级在懵懂与麻木中意识到自己本身所蕴含的巨大力量，认清起义的目标与责任，唤醒了革命的激情，从而锤炼了俄国人民的革命意志，鼓励他们将自己从奴隶的枷锁中彻底解放出来。在葛兰西看来，在第一次世界大战这一特殊历史时刻，正是由于俄国布尔什维克的宣传，使原本没有组织的大众形成了一种统一的集体观念，进而聚集成为无产阶级革命的滔滔洪流。因此，葛兰西强调政党对于自身革命意义的宣传，在他看来，党的任务不仅在于提出它的政治纲领，同时也在于在道德上教育群众，使群众积极主动接受政党的价值观念，服从党的领导，从而形成推动历史前进的"集体意志"。对此，葛兰西这样写道："我们必须强调现代政党在制定和传播世界观方面的作用和重要性，因为政治的作为，基本上是制定与这种世界观相适应的道德和政治，可以说，政党起着道德和政治的历史'实验室'的作用。"

在与波尔迪加的斗争中，葛兰西明确地表达了他的政党联合和争取最广大群众基础的政党观。波尔迪加坚持极端主义观念，认为意大利共产党处在改良主义和小资产阶级思想不断渗透的危险环境中，为了对这些不良影响有免疫力，它必须洁身自好，严格地脱离其他政党的不良影响，保持自身的纯洁性，这样才能在革命条件成熟的时候领导工人阶级对资本主义国家进行有效的进攻。所以，波尔迪加反对共产党与其他一切政党联盟，反对与农民相结合，甚至反对党与工人打成一片。葛兰西却与其恰恰相反，他非常注重党的斗争策略的灵活性，在面对法西斯这一强大敌人时，葛兰西主张党派联合，主张将"具有异质的目的的、多种多样的分散的意志，在平等的共同的世界观的基础上，怀着同一个目的而焊接在一起"。葛兰西尤其强调党与人民群众的团结，坚持争取农民和知识分子、争取一切被压迫阶级从而为党奠定更为宽广的基础，他极重视人民群众对党的支持与赞同，并渴望党能够通过意识形态的宣传与人民群众融合为一体。他这样评价马基雅维里的观点，同时寄予他关于现代政党的理念："临到结尾，马基雅维里同人民结合在一起，自己成为人民，但不是'一般的'人民，而是马基雅维里通过前面的叙述予以说服了的人民；这种人民的意识在马基雅维里身上得到表现，对此，他本人是意识到的，他感觉到自己与人民的同一性。看来，整个'逻辑上'的结构无非是人民本身的反映，在人民的意识中所进行的内部说理，最后，则以发自肺腑的热情呼吁而告终。"

关于党的具体建设，葛兰西提出了党结构的"三要素说"。第一个要素，是由平凡的普通人构成的"群众要素"。葛兰西认为，一定的历史行动只能由"人的集体"来实现，只有将人民群众中各个分散的意志用文化和意识形态统一起来，使之形成一种"集体意志"，才能实现无产阶级的革命目标。而这些群众一旦进入党的组织，就必须接受党的领导，服从党的纪律，对党始终保持忠诚。第二个要素，"主要的凝聚力量"，指的是党的领导阶层。如同军队的将领，党的领导层构成党的核心，像磁石一样源源不断地将各种力量团结在自己周围，赋予原本是一盘散沙的群众以"强大的凝聚力、向心力以及约束力"。第三个要素，指训练有素的党的中层干部。他们不仅起着基层组织的作用，同时负责对普通群众的教育工作，负责道德和知识方面的宣传。中间阶层联结着党的领导层与普通群众，使二者保持实践、道德及精神方面的生动联系。

此外，葛兰西还是党内民主制度的积极倡导者。他厌恶意大利工会的官僚主义做派，对波尔迪加将领导者视为与群众相脱离的、自我封闭的杰出人物的观点表示反对，认为在党内，起主要凝聚作用的领导核心应该用归纳的方法从具体实践中总结经验教训，制定正确的革命策略，而不是从主观的教条出发，用演绎的方法抽象地空谈革命道路。葛兰西强调领导与群众之间的情感联系，并希望能够以制度化的方式使这种联系确定下来，而这种制度化的方式就是民主集中制。他写道："这种形式，是一种'动态的'集中制，是不断地把组织活动应用于真实的运动过程，是把下面的压力和上面的领导结合起来的过程，是把底层的群众因素纳入领导机关的坚强结构中的过程，而这一机构将保证连续性的日常的经验积累。"

有机知识分子

葛兰西对知识分子问题有着浓厚的兴趣。在 1927 年入狱之初，葛兰西就制订了计划，准备着手研究意大利知识分子史。1931 年，针对知识分子这一论题，他已经初步形成了一套较为系统的观点。在给塔吉娅娜的信中，葛兰西这样写道："我所制订的关于意大利知识分子研究的计划涉及面很广……无论如何，我的知识分子概念比一般的'大知识分子'概念要广泛得多。"在这里，葛兰西所说的"大知识分子"主要是指在文化、思想和教育领域占据主流的知识阶层，特别是在思想观念上影响广泛的文化名人，如在意大利享有盛名的自由主义哲学家克罗齐等。显然，葛兰西对从智力活动的固有本质出发定义知识分子感到不满，认为从自然禀赋上看，每个人都具备进行智力活动的能力，即使在最粗笨和最机械的体力劳动中，也存在着最低限度的技术熟练程度，最低限度的创造性智力活动，完全排除智力干预的人类活动是不存在的，因此，仅从智力活动的角度定义知识分子是不确切的，如果仅凭智力活动，人们甚至可以说人人都是知识分子。所以，要在一定的社会背景中考察知识分子的功能与活动，知识分子群体的界定并不在于他们的工作是否有智力因素的参与，而在于他们在一定的社会关系中执行了知识分子的职能。

所谓知识分子的职能，是指因掌握某种知识技能而参与社会政治和经济生活，并在其中发挥某种程度的领导和组织作用，以完成某种社会和政治职责。葛兰西写道："任何一个社会集团，在执行经济职能的过程中创造自身，同时也造就一个或几个知识分子阶层，它们使该社会集团具有同质性，意识到不仅在经济领域，而且在社会和政治领域行使职能。资本主义企业家就是在资本主义的生产过程中为自己造就技术人员、政治和经济学专家以及新文化、新法制的组织者的。"这段话清楚地讲述了知识分子的产生和社会职能。每个从过去的经济结构中走上历史舞台的社会集团都会发现知识分子阶层早已有之，仿佛有着一种历史连续性，而知识分子亦以此"自认为是'独立的'、自治的并且具有自我独特性"，然而，这都不过是一种"乌托邦式的幻想"罢了。因为知识分子阶层的形成总是"同所有社会集团相联系，特别是同其中重要的集团相联系"，它们同新阶级是"同质的"，不仅在经济领域，而且在社会和政治领域意识到自己的职能。另一方面，任何争取统治地位的历史集团都具有的重要特征就是"它在为同化和'在意识形态上'征服传统知识分子作斗争，该集团越是同时成功地构造其自身的有机知识分子，这种同化和征服便越快捷、越有效"，即是说，对于统治集团来说，统治的一个重要方面就是赢得知识分子的支持，使他们赞同自己的统治，同时构造服务本集团的知识分子。

在这里，葛兰西已经提出了"有机知识分子"的概念。这里的"有机"意指知识分子是整个社会集团的一个重要组成部分，与其所属的阶级有着密不可分的联系，是该阶级在思想意识形态等上层建筑中的代表。比如，教士是西方最早出现的知识分子阶层之一。在封建社会，他们与土地贵族结合为一体，在司法上享有与贵族平等的地位，分享着土地所有权，因此享有建立在财产基础上的政治特权。然而，随着时间的推移，曾经履行过某种有机职能的知识分子集团会逐渐脱离与某一特殊阶级的联系，逐渐独立出来，并"作为自治和独立于社会统治集团的力量来推动自身前进"。就天主教教士阶层来说，尽管与之联合并为其行使职能的统治阶级——封建土地贵族阶级已经发生了变化，但教士阶层仍然可以生存。然而，由于教士们与社会的统治秩序之间已不复存在有如中世纪那样的有机联系，因此，他们的社会职能和社会作用就变得十分有限。葛兰西把随着历史发展而逐渐与统治阶级拉开距离，并保持自身"独立性"和"连续性"的知识分子称为"传统的知识分子"，包括有创造性的艺术家和学者，以及以前社会形态残存的有机知识分子。

葛兰西高度重视与工人阶级相关联的新型知识分子的培养与塑造。葛兰西希望，这类新型知识分子能够了解历史运动的发展方向，并在革命过程中与工人阶级血肉相连，同甘共苦。他们将"不再是雄辩家,不再是从外部煽动人们感情和情绪的鼓动家,而是作为缔造者、组织者和'永恒的推动者'。他们不再是说客,而是积极参加实践活动的创造者"。与传统知识分子不同,新型知识分子与民族大众有着深刻的感情联系,能够随时随地与群众沟通,经常教育、引导群众,在这个意义上,葛兰西说"政党的所有成员都应该是知识分子"。只有有意识地与民族大众相联系,知识分子才能与民族大众联结成为"历史性的集团",共同推动革命事业向前发展。如果失去这种深刻的感情联系,知识分子和民族大众的关系就降低为"纯粹官僚式的、形式性的关系",这样的知识分子就会成为新的"特权阶层"。

"阵地战"和"运动战"

以战争比喻政治或以政治形容战争,最著名的便是克劳塞维茨所说的"战争无非是政治的另一种延伸",强调战争总是在某种政治形势下产生的,而且只能是某种政治动机引起的。毛泽东则强调,政治是不流血的战争,战争是流血的政治,战争并不仅仅是单纯的暴力行为,而与政治具有一致性,"战争本身就是政治性质的行为,自古以来没有不带政治性的战争"。近代福柯则翻转了克劳塞维茨的说法,提出"政治是战争的继续"，强调人类社会无所不在的微观权力及斗争。总之，在政治与战争之间，不仅存在着隐喻的关系，更存在着一种本质上的关联。

十月革命后，欧洲无产阶级运动领导人曾经希望欧洲能够以俄国十月革命为先导，完成工人阶级夺取国家政权的历史任务。然而，现实的工人革命运动并没有按照预想的方向发展，在芬兰、匈牙利、德国、法国、保加利亚和波兰等国发动的工人武装起义夺取政权的运动屡屡遭到失败，意大利本土的工人运动也在工业资本家与政府的联合镇压下陷入低潮。这些失败的经历迫使葛兰西重新思考东西方革命的不同道路问题，并形成了关于政治上的"运动战"和"阵地战"的战略区分。

所谓"运动战"，是指以直接夺取国家机器为目标，从正面向敌人发起攻击，摧毁专政的国家机器，然后迅速地从一个地方转向另一个地方，直捣纵深，达到全面改变旧的国家政权性质的目的。所谓"阵地战"，是指在资产阶级已经取得文化领导权的时候，无产阶级坚守自己的文化阵地，建立自己的文化组织和文化团体，以争夺文化霸权为目标，对市民社会的资产阶级意识形态进行长期持久的文化攻击，逐个攻克大学、出版社、群众性宣传工具、工会等机构，逐渐瓦解统治阶级的文化体系，建立新的文化形态，以取得革命的全面胜利。

葛兰西的这两种革命战略构想，建立在他对俄国和西方不同的社会结构进行细致比较的基础之上。葛兰西认为，俄国与西方国家的不同之处在于："在俄国，国家就是一切，市民社会是原始的和凝固的；在西方，国家和市民社会之间有一种特殊关系，当国家动荡时，市民社会的坚实结构就立刻显露出来。国家只是一个外围的堑壕，其后面有一个堡垒和土木工事的强有力体系。"葛兰西用军事术语对西方先进国家的"堡垒和土木工事的强有力体系"的作用进行了生动的描述："至于最先进国家，这里市民社会呈现非常复杂的结构，这种结构抵抗得住直接经济因素灾难性的'侵入'：危机、萧条等，即存在对经济周期干预的手段，这里市民社会的上层建筑就如同现代战争的战壕体系。就像在战壕体系中发生的一样：疯狂的炮击仿佛摧毁了敌军的整个防御体系，但仅仅破坏了外层，在冲锋时就会发现面临着仍然非常有效的防线。"因此，对于现代西方国家，葛兰西将之定义为"用暴力之盾强化了的文化霸权"，或表示成一个简单的公式：国家＝政治社会＋市民社会。

在这里，政治社会指用以控制民众使之与一定类型的生产和经济相适应的专政或其他机构，包括军队、警察、监狱等国家暴力专政机关。市民社会则主要指不属于国家的各种社会组织，其功能即在于形成社会的文化价值与道德形态，因而，市民社会包含全部的意识形态和文化关系，涵盖全部精神生活与理智生活。葛兰西指出，过去人们对于国家的理解通常是从狭义的方面将国家视为实施阶级统治的强制机关，经常忽略从广义的方面将国家理解为一个"完整的"有机体，它不仅具有强制、镇压的功能，同时还有教育功能，设法同民族大众的道德相契合。葛兰西写道："每一个国家都是道德国家，同样，它的最重要的职能之一是提高广大人民群众的道德水平。文化道德水平是同要求发展生产力以及统治阶级的利益相适应的，学校积极的教育职能和法庭消极的镇压职能在这个意义上是最重要的国家活动。"因此，对于"完整的"国家来说，统治就包括两方面的内容，不仅要考虑到暴力的运用，同时，为减少暴力统治的成本，统治阶级考虑到知识和道德领导的因素，以文化教育的方式实现自己的"领导权"，使自己的政治权力处于多方面的荫护之下。

葛兰西认为，东西方社会政治结构之所以存在如此根本性的差异，主要原因在于市民社会在各自政治生活中的地位是不同的。像俄国这样的东方国家，工业文明并没有得到充分发展，缺少市民社会这种防御体系，社会状态基本仍停留在农业社会阶段，资产阶级相对弱小，只集中在少数大城市。因此，政治社会构成上层建筑的全部，沙皇的权力就是一切，一旦反对政权被砸烂，整个国家就立即土崩瓦解，无产阶级就可以立即成为领导和统治阶级。而在西方，随着工业文明的发展，资产阶级日趋强大，形成了独立的市民社会，资产阶级"不但拥有政治上的领导权，而且取得了文化和意识形态的领导权。在这种情况下，西方国家具有二重本质：强力＋同意。即是说，西方的现代国家在保持传统国家的暴力特征的同时，增加了契约和社会同意的特征"。同东方国家相比，西方的资产阶级要强大得多，它们拥有众多坚固的"堡垒和战壕"——思想、文化的优势，以及学校、教会、道德观念、习惯势力等，通过这些意识形态的工具与手段，资产阶级的价值观念与道德原则得到广泛且深入的传播，其统治的"合法性"得到大多数人的"同意"，因此，仅仅打碎暴力的国家机器还不够，必须坚持"阵地战"与"运动战"相结合的方法，一个一个地攻取对方的文化堡垒，争夺精神与道德上的"领导权"，然后通过"运动战"摧枯拉朽，速战速决。在这一过程中，敌我双方的"进攻"与"防御"态势十分复杂，有时甚至会出现相互包围、互相拉锯的交错场面。只要没有赢得"阵地战"的最终胜利，无产阶级就得付出极大的耐心和聪明才智，作持久战的准备，从文化的各个方面设法包围对方，而对方被围困得越久，士气就会越低落，随之产生痛苦、疲倦、困乏和疾病……只有当"阵地战"取得成效，无产阶级在精神与道德伦理等文化领域赢得民族大众的普遍认可之后，无产阶级则方可乘机夺取政权，赢得战争的最后胜利。因此，葛兰西这样提出他的西方无产阶级革命战略："在政治方面，实行各个击破的'阵地战'具有最后的决定意义。换句话说，在政治中，只有一个个地夺取阵地，这些阵地虽非决定性的，却足以使国家无法充分调动其全部领导手段，只有到那时'运动战'才能奏效。"

"霸权"理论和当代政治

概念的命运，正如黑格尔所说，一经产生便渴望对象化，渴望经过外化而复归。一方面，它渴望经过一系列的"冒险"后，以尤利西斯般的胜利姿态"返乡"，返回概念由此产生的原初语境；另一方面，为了获取更为充分的现实性，概念又不得不离开故土，在没有允诺的土地上冒险，这种冒险很可能使得概念变成自身的反讽。尤其是对于"文化霸权"这一概念，这种概念的冒险显得尤其精彩而险象环生。

毫无疑问，在马克思主义理论发展史上，葛兰西首次以理论的形式提出"文化霸权"概念，这是他对马克思主义理论的一个重要贡献。由于身陷囹圄，葛兰西无法将自己的理论设想——首先夺取文化霸权，进而夺取政权在意大利本土进行实践，但是，历史的有趣之处恰恰在于，它给予葛兰西文化霸权理论以实现的机缘，但不是在市民社会发达、无产阶级尚未取得政权的欧洲资本主义国家，而是在东方，在苏联和中国，无产阶级在已经取得政治权力之后，显示出其夺取文化上的"霸权"的迫切需要。

列宁在十月革命之后，专门强调了"文化革命"的问题，指出在俄国，虽然政治和社会变革先于文化变革而发生，但在布尔什维克夺取政权之后，还是要回过头来进行"文化革命"。终其一生，列宁始终对无产阶级文化建设怀有热忱，关于这一点，苏联时期的学者 H. C. 兹洛宾有这样的评价："在列宁的遗产中，文化问题占有极其重要的地位。在列宁晚期著作里，文化问题被提到了首位，把它同无产阶级夺取政权、组织好社会主义国家机器的工作、工业生产的社会主义改造这样一些革命的关键性任务放在一起。列宁不仅指出：我们解决了世界上最伟大的政治变革任务以后，又面临着另外一些任务，即所谓'小事情'的文化任务，不仅提出了文化革命理论和论证了社会的精神革新对改造的极其伟大的意义，而且还在'共产主义'和'文化'概念之间直接画上了等号。"

完全可以理解，对于无产阶级革命家和工人运动领袖而言，他们将无产阶级文化视为人类历史发展的一个新阶段，认为无产阶级文化在原则上高于资产阶级文化。如布哈林就曾这样说："从原则的角度来看，无产阶级的阶级文化比资产阶级的阶级文化高。在这一问题上，就新文化的原则来说，我认为以下的论点是反驳不了的：工人阶级即使在资本主义社会内部已经带来了比旧的资产阶级文化更高的东西。为什么？在这一方面的新事物是什么？在这一方面首先以下两个互相联系的论点是新的……正如工人阶级有克服资本主义生产无政府状态的倾向一样，它也有克服文化和知识的生产方面的无政府状态的倾向，这就是说，它很了解为了使一切所谓的文化价值和各种科学分支发挥更大的效果，必须把它们综合起来，产生一个共同的世界观体系，各个文化分支的结合和计划性以代替无政府状态——这是无产阶级文化的第一个原则。"

事实上，创造一种人类历史上前所未有的新的文化类型，不仅是无产阶级领袖的个人意愿和内在信仰，也反映了许多激进知识分子的心声。德国剧作家、诗人布莱希特曾经写诗，表达对资产阶级文化的蔑视和对无产阶级文化的渴望："什么时候不再有拆穿假面具，因为压迫变得无须民主的假面具，战争无须和平的假面具，剥削不需要被剥削者的一致同意的假面具……哦，到那一天，文化将会被无产阶级接管，他们在同一个国度中建立生产：即在废墟之上。"然而，问题恰恰在于，一种新型的文化能否建立在"废墟之上"？关于这一问题，列宁与以波格丹诺夫和卢那查尔斯基为首的"无产阶级文化派"的争论很值得人们深思。

波格丹诺夫强调无产阶级文化的"纯粹性"及同过去时代文化的"断裂"，认为："只有制订出独立的精神文化才能给予阶级以完整的教育，坚定地把它引向集体的意志和思维。资产阶级有这样的文化，就是其力量之所在；无产阶级缺乏这样的文化，这是它的弱点。如果它在文化上是完全独立的，那么在任何情况下，否认是在最困难的情况下还是在新的情况下，旧世界都不能把自己的思想强加于它，不能用自己的情绪去劝诱它，不能用自己的毒药毒害它，不能把它变成自己的工具。"列宁站在了与波格丹诺夫相对立的立场之上。列宁明确地表示："不是特殊的思想，而是马克思主义。不是臆造新的无产阶级文化，而是根据马克思主义世界观和无产阶级在其专政时代的生活与斗争的条件的观点，发扬现有文化的优秀的典范、传统和成果。"与列宁的观点相近，葛兰西在他的《狱中札记》中也谈到了文化的历史继承性问题，主张不能把哲学同哲学史、文化同文化史分开，希望通过批判来转化旧有的精神和道德的要素，使之成为新型文化的一部分。

与苏联一样，中国也曾经对无产阶级文化这一主题进行过实践方面的探索。至少从形式和宣传上看，"无产阶级文化大革命"的目标是想通过动员群众而在思想和文化上进行革命。其根本目的是要彻底推翻传统儒家意识形态在思想、伦理和道德方面的主导地位，并且用一种新的文化取而代之。因此，在这次极端激进的文化否定运动中，中国的传统文化，尤其是以孔子为代表的儒家学说，遭到了彻底的批判，而批判的工具则是极其粗糙的阶级斗争理论。同时，来自西方的文化成果——无论是理论学说还是文学作品——都被统统看作"资产阶级的"而被彻底查禁。所有的非马克思本人的思想学说都被扣上"封建主义""资本主义"和"修正主义"的帽子而遭到批判。表面上，这似乎是在为一种新文化——无产阶级文化的来临扫除障碍，但在实际上却表现出一种文化虚无主义的倾向。

我们可以从屠格涅夫的小说《父与子》中窥见这种文化虚无主义的思想逻辑。小说的主人公巴扎罗夫被称为"虚无主义者"，在小说的"子"辈心目中他是一位英雄。巴扎罗夫的崇拜者阿尔卡狄对父亲说："虚无主义者是一个不服从任何权威的人，他不跟着旁人信仰任何原则，无论这个原则是怎样被人们认为神圣不可侵犯。"巴扎罗夫本人对阿尔卡狄的伯父说："凡是我们认为有用的事情，我们就依据它行动。目前最有用的事就是否认——我们便否认。"后者问："否认一切吗？"巴扎罗夫回答："一切。"阿尔卡狄的父亲说："您否认一切，或者说得更正确一点，您破坏一切……可是您知道，同时也应该建设。"巴扎罗夫回答："那不是我们的事情了……我们应该先把地面打扫干净。"

在这里，激进的青年渴望一种真正的解放，想象着一种全新的、健康的力量，它能够抵制所有与过去相联系的肮脏东西，金钱与资本将不再能独揽一切，腐蚀一切，人能够获得全面的解放。这是一种真正的新型文明，这种新的文明将与过往的一切一刀两断，从而引发一个全新的开端，一项前所未有的新事业！还有什么能比这些更能在革命者的心中掀起阵阵波澜，引发他们内心深处最深刻的欲望和难以扼制的激情？对新世界的渴望，究竟是指引世界不断向前的"乌托邦情怀"，还是仅仅是一种愤怒青年的情感宣泄抑或是"知识分子的鸦片"？

还有一点值得指出，葛兰西的"文化霸权"概念极富马基雅维里色彩——这种马基雅维里式的色彩，恰如浮士德对瓦格纳所说"那些对于世界、对于人们的心肠和思想有所理解洞察的少数人，那些不知讳莫如深、三缄其口，而是愚不可及，向粗陋的俗人和盘托出、直抒胸臆的少数人，从来都落得被钉在十字架上烧死的结局"——的政治策略，体现了政治现实主义的精神。而且，这一理论内容本身是对政治统治权理论的一个积极补充。但是，葛兰西有意或无意地忽略了一个重要的理论方面，那就是文化霸权与民主制度的关系。从总体上看，葛兰西对资本主义的民主制度持否定态度。他在 1924 年 11 月 1 日载于《新秩序》的《民主主义与法西斯主义》一文中明确地把民主主义与法西斯主义看作"同一现实的两个方面"，是"资产阶级为了阻止无产阶级在自己的道路上前进而进行的活动"，法西斯主义与民主主义的交替使用"永远排除了工人阶级恢复活动的任何可能性"。不仅如此，早在 1919 年，葛兰西就在《新秩序》上发表《革命者和选举》一文，表明自己的主张：只有把社会党精英选进议会才能阻止资产阶级组成稳定而强有力的政府，使有产阶级受到监督，逼迫其撕下民主的面纱，不得不对广大群众实行恐怖政策，从而迫使群众起义，夺取政权。而不是抱民主幻想，妄图通过议会改良活动克服当前危机。然而，葛兰西自己通过参加阿文汀集团、联合其他政党共同反对墨索里尼专制的行动表明，他在后期转变了对议会斗争的看法，同时，我们有理由认为，民主制度是文化霸权策略得以施展的前提。因为，文化霸权之获得的基本手段是教育、引导和说服，它倾向于在不同政治团体和社会主体之间进行对话、辩论和谈判，而这种对话、辩论和谈判只有在民主制度下才能实现，专制体制无须对话，它只是消灭、封杀和驱逐。文化霸权意味着在众多的力量中，某种力量取得了相对强大的优势，其隐含的前提是多元政治力量的存在。而专制意味着只有一种声音，它拒绝同其他政治力量谈判，一心追求绝对的权力与绝对的命令。文化霸权包含了对无法融入自我但又不可或缺的他者的尊重与开放，而专制则蔑视和攻击一切"持异见者"，不承认他者的尊严与独立。因此，民主制是文化霸权策略得以实现的制度性前提，如果没有民主制度的保证，文化霸权策略便无法展开。

无论如何，应该用一种更为深刻的目光看待理论与实践的复杂关系。一方面，任何一种理论，无论其多么完备与精妙，都只是一种抽象，无法涵盖现实的全部内容，它只能吁求自身的现实化，但却无法规定人们对它的理解方式和解释方式；另一方面，现实的发展总是会有各种偶然因素的介入，一定不会完全符合理论由此提出的原始条件。因此，理论与现实的关系只能用一种动态的关系去衡量，绝对的符合与一致是不存在的，更不能用现实的失误去苛责概念，相反，为了将概念"拯救"出来，必须不断剔除概念中的经验性和时间性元素，根据时代与社会的发展，不断赋予其新的内涵。

从当代政治哲学的角度看，"文化霸权"概念的重要价值在于葛兰西从政治统治的角度彰显了无产阶级执政党的"政治合法性"问题。正如伊斯顿所指出的,"当谈到一个政治系统的持续时,不可能缄口不提系统成员不断一起工作以解决他们的政治问题时的起码意愿或能力。要不然,就没有希望让人们服从价值的权威性分配"。早在 20 世纪 20—30 年代,葛兰西就敏感地认识到,虽然价值的权威性分配可以通过暴力的方式强制执行,但是,仅凭这种方式,不但要付出过高的代价,而且常常会因为智力和道德上的缺失,导致政权的信用危机。因此,葛兰西强调,任何政治系统的维系,不仅需要暴力性的国家机器的武力镇压,同时也要包含最低限度的自愿服从的成分,民众的信任和信仰与国家政权的作用是一个动态支撑的过程。因此,葛兰西指出国家的前提是"同意而且要求同意",这实际包含两个方面的含义:一方面,执政党对国家的统治需要得到从属集团的认同和支持;另一方面,执政党又要求从属集团承认其政治合法性,承认它在政治意识形态上的主导地位。这两个方面是相辅相成,互为条件的。文化和意识形态上的"霸权"离不开意识形态的国家机器的宣传、教育和灌输;另一方面,任何政治权力要想持久稳固,也必须获得某种程度的赞同,在社会生活中确立道德、政治、知识上的领导地位,取得政治的"合法性"。

在当代中国，经济、政治和文化的各个领域都正在经历深刻转型，社会阶层迅速分化，利益要求日趋多元，人们的思想观念正在经历前所未有的变革。在这种情况下，采取什么样的方式取得意识形态上的主导地位成为执政党最为关心的问题。一种方式是依靠意识形态的国家机器的力量，将主要社会集团的意识形态向联盟集团推行，创造具有阶级一致性的意识形态。这种意识形态的推行具有独白的性质，除了对手或敌人之外没有任何同台之人，它在思想的控制和操纵上具有高度有效性，能够富有成效地制造和生产相同的政治立场和舆论声调，但同时，它也会因为其封闭的言说方式而伤害公共话语所要求的开放性。而葛兰西的文化霸权理论提供了另一种可供选择的方式。葛兰西恢复了政治与道德和伦理之间的生动关系，并使政治的改进始终处于一种动态的过程中。根据雷蒙·威廉斯的理解，葛兰西的霸权概念具有一种动力学的特征，霸权在实质上是一个斗争的概念，它意味着"不断地被更新、再造、保卫与修正"。也就是说，意识形态的霸权地位并不是先验地被决定的，而是在特定的历史际遇下各种力量关系相互斗争的结果。在这种情况下，文化霸权显然不一定要指向无产阶级文化，而是指向一个个微观的社会生活场景，要求对一切新的伦理思想和政治理念持开放的态度，在灵活机动中确立自己在文化和道德领域的主导权。这种争夺文化霸权的战斗不是一次定输赢，它始终处于动态的变化过程中，随着社会生活的各个方面不断展开，而这恰恰与葛兰西所说的"阵地战"概念甚至福柯所说的微观政治学有了一个很好的"对接"：文化霸权须逐个占领市民社会生活的每个角落，在政治和社会的每一个微观层面发挥作用，政治领导人如果想在社会生活的各个方面占据主导地位，就需要在社会生活的各个领域与各种政治声音展开对话与讨论。在这里，道德对政治合法性的支撑显得非常重要，赢得合法性之争的往往是在道德操控和引导中占得先机者，政治不再是统治者的专断与独白，而是在与被统治阶级永不间断的讨论、谈判与说服中取得意识形态的领导权，使人们自觉自愿地服膺政治权威的合法性。

$$————\ 后\quad 记\ ————$$

在罗马这座富于浪漫色彩的历史名城的一个僻静角落，矗立着一座建于公元前 18 世纪的金字塔，它原本是古罗马护民官塞斯蒂乌斯的坟冢，历经风雨，被罗马人誉为"最不易毁坏的古迹"，"就像昨天刚刚建成"。诗人雪莱曾经写诗描绘这座金字塔：

> 有一座塔尖如楔的庄严的金字塔，
>
> 遗骸的主人生前曾经作出过规划：
>
> 留下个遮风避雨的处所作为纪念，
>
> 屹立着，犹如凝聚成大理石的火焰。

在塞斯蒂乌斯的金字塔下有一段古罗马城墙，这段城墙曾经是罗马城防工事的一部分，如今却已残破不堪并且还在不断倾坍。由这段残垣断壁包围着的是一片空地，这里芳草萋萋，松涛阵阵，即使在冬季也经常开遍雏菊、紫罗兰和虞美人。霍顿勋爵称这片空地是"人的目光和心灵可以停留的最美的所在"，诗人雪莱则称其是"罗马最美丽的角落"，而普通的罗马人则称这片空地为"英国公墓"或"非天主教徒墓地"，专门用来埋葬那些死在罗马地区内的非天主教徒。

在这个墓园里长眠着很多名人，如英国作家特里劳尼、美国"垮掉的一代"诗人格雷戈里·柯尔索等，当然，其中最著名的是英国诗人雪莱和济慈。济慈的墓简单而朴素，没有一丝的浮华，唯一的装饰只是墓碑最上端的一个竖琴浮雕——象征着诗歌的守护神阿波罗。好友遵照济慈的遗愿，没有在墓碑上刻写济慈的名字，只是把他称为"一位年轻的英国诗人"，并刻写了济慈自撰的墓志铭："Here lies one whose name was writ in water"（"此地长眠者，声名水上书"）。不远处是雪莱墓，墓碑上的铭文也非常简单，出自莎士比亚的《暴风雨》：

> Nothing of him that doth fade
>
> But doth suffer a see-change
>
> Into something rich and strange
>
> 他的一切都没有消失
>
> 只是经历了海的变迁
>
> 变得丰富而神奇

沿着这个宁静墓园的小径走到尽头，还有一个朴实无华的陵墓，那里埋葬着意大利共产党的缔造者和理论家葛兰西。作为一个撒丁人，葛兰西去世后其遗骨并没有运回故乡，而是葬在了罗马，和那些客死异乡的外国人以及不信仰天主教的异教徒葬在一处。在这里，他可以俯视蜿蜒曲折的台伯河水和拉齐奥翠绿的群山，见证罗马这座"永恒之城"千年的兴衰。

　　葛兰西的墓碑是一座一米多高的青石，上面并没有过多的哀悼之词，只是用工整的字体书写着逝者的名字及生卒年——"葛兰西，阿莱里1891—罗马1937"，仿佛人们的一切悲伤与惋惜都已经无法用语言来表达。在墓碑前放置着一个白色方形的小石棺，上面写着"安东尼奥·葛兰西骨灰"。此外，整个陵墓再无任何华丽的装点，只有墓后栽种的常青树绿荫如盖，拱护着逝者的坟茔，使这个革命者的墓地显然格外静谧与深幽。

　　谦卑的铭文无损逝者的光辉。每年，都会有许多的悼念者自发地来到葛兰西的墓前，怀念这位为了共产主义理想而奋斗一生的伟大战士，回忆他的生平，感慨他的事业。意大利诗人兼导演帕索里尼曾经多次拜谒葛兰西的陵墓，在这里徘徊、凭吊、思索。帕索里尼视葛兰西为精神导师，并写下长篇诗集《葛兰西的骨灰》，表达对葛兰西的敬意。

你，被放逐的人啊，躺在那儿，

同异国的死者并列在一起，

像不信天主教的人们那样超凡脱俗。

…………

葛兰西的骨灰……半怀希望，

半怀旧时的疑虑，我走向你，

无意中走到你墓前的，

那座憔悴不堪的玻璃暖房，我走向

你的神灵，你就在这里，在自由的灵魂间。

如此令人喜悦。

的确，帕索里尼所面对的，是这样一个人，他的一生朴素而曲折——他在贫寒与孤寂中度过自己的童年，在大学时代虽深受克罗齐的影响，但最终走向共产主义。作为意大利社会党和共产党的领导人，他不仅要面对党内复杂的宗派主义，同时也要面对来自共产国际的压力。他在反对墨索里尼的斗争中为自己赢得了世界性的声誉，却不得不在法西斯的监狱中忍受非人的待遇与病痛的折磨。然而，他却用生命和鲜血书写了二千八百多页的手稿，这些迸发出思想力量与革命激情的手稿，是他人生最后的绝唱。这个人，就是葛兰西，意大利共产主义运动的圣徒和殉道者，同时，也是富于创造力的马克思主义理论的解释者与实践者。也许，所有的哀悼都不足以表达对他的惋惜；也许，墓碑上那句简短的话语反而最能体现人们对他一生的不尽感慨："葛兰西，阿莱里 1891—罗马 1937"。

附录

年　谱

1891年　1月22日，安东尼奥·葛兰西出生于意大利撒丁岛的阿莱里村，排行第四。

1898年　父亲被捕，母亲带着七个子女迁居吉拉扎村。葛兰西上小学。

1903年　小学毕业后，因家境困难辍学，到地产登记所做了两年工。

1905年　靠母亲和姐妹的帮助，到圣卢苏朱中学读书。

1908年　年末，在卡利亚里的德托利文科高中学习。

1911年　夏季高中毕业。10月参加申请都灵大学奖学金考试。11月入都灵大学文学系学习。

1912年　对语言学产生极大的兴趣，结识陶里亚蒂并建立友谊。

1913年　在都灵大学文学系刻苦学习，因健康原因，7月未参加期末考试。10月回故乡目睹撒丁岛首届普选，对广大农民群众积极参加政治生活引起的社会变化感到震惊。年末加入社会党。

1914年　10月31日在《人民呼声》上发表《积极的和有
　　　　行动的中立》一文。开始了职业革命家的生涯。

1915年　4月12日通过大学最后一门考试——意大利文学；
　　　　随后离开大学，投身社会主义运动。12月10日，成
　　　　为《前进报》(社会党机关报)都灵编辑部一员。

1916年　负责《前进报》都灵新闻专栏《防波堤下》，撰
　　　　写大量戏剧评论、时事评论和随笔。

1917年　9月，任社会党都灵支部临时执委会书记，并实
　　　　际领导《人民呼声》编辑部。

1919年　5月1日，《新秩序》周刊创刊。6月21日，为
　　　　《新秩序》撰写《工人民主》一文，提出"工厂委员
　　　　会"作为无产阶级生活中心和未来无产阶级政权机构
　　　　的主张。

1920年　1月24日至31日，在《新秩序》上发表《都灵
　　　　社会主义派行动纲领》。3月27日，撰写《为了工厂
　　　　委员会代表大会》一文。7月，将一份关于都灵工厂
　　　　委员会的报告寄往共产国际，在《共产国际》上用俄、
　　　　德、法三种文字发表。

1921年　元旦，都灵共产主义派机关报《新秩序》发行，
　　　　葛兰西任主编。1月15日至21日，赴里窝那市参加

意大利社会党第十七次全国代表大会，共产主义指示着手成立意大利共产党，葛兰西当选为中央委员。

1922年　3月20日至24日，在罗马参加意共"二大"，葛兰西被选为意大利共产党驻共产国际执委会代表。5月26日，赴莫斯科。6月，在莫斯科疗养院结识并爱上提琴手朱丽娅。

1923年　4月至5月，意共总书记波尔迪加批评共产国际执委会关于意共和社会党合并的政策，葛兰西坚决反对。6月，特拉契尼接替葛兰西的工作，葛兰西被派往维也纳。

1924年　2月12日，意共机关报《团结报》在米兰创刊，葛兰西任主编。4月6日，在威尼托大区当选参议员。5月12日，在离开祖国两年后，重返意大利。5月，赴科莫参加秘密举行的意共全国会议，当选意共中央执委。6月10日，葛兰西号召发动群众举行全国政治总罢工。7月上旬，在意共中央做关于党的路线和反法西斯统一战线的报告。8月，社会党"第三国际派"解散，加入意共。葛兰西当选为意共总书记。8月10日，其妻朱丽娅在莫斯科生下长子德利奥。8月13日至14日，在中央委员会做《面对意大利资本主义社会危机共产党的任务》的政治报告。

1925年　1月，参加意共执委会在卡帕纳马拉召开的秘密会议。3月至4月，赴莫斯科参加共产国际扩大执委会第五次会议。5月16日，在众议院发言反对墨索里尼等提交的秘密结社法草案。8月至9月，和陶里亚蒂一起起草意共"三大"政治报告。

1926年　11月8日，法西斯当局采取"非常措施"，享有豁免权的葛兰西和其他意共议员被捕。11月18日，葛兰西被初步判处流放五年。12月7日，同其他三名意共议员抵乌斯蒂卡岛，同难友组织流放者学校。

1927年　1月14日，米兰军事法庭发出对葛兰西的逮捕令。1月20日，离开乌斯蒂卡岛赴米兰。行程十九天，途经巴勒莫、那不勒斯、安科纳、博洛尼亚等地，历经磨难。

1928年　5月11日，坐囚车离开米兰赴罗马。5月28日，法西斯特别法庭开始起诉葛兰西和其他意共领导人。6月4日，法西斯当局以所谓"阴谋反对国家，煽动内战和阶级仇恨，进行颠覆性宣传"等"罪名"，判处葛兰西二十年四个月零五天的监禁。7月8日，离开罗马赴杜里，行程十二天。

1929年　1月，获准在狱中写作。2月，开始写读书札记。至1935年，共写有三十三册笔记，长达二千八百四十八页。内容涉及哲学、政治、历史、经济、文学等多个领域。

1931年　8月3日清晨，突然吐血。

1932年　11月，葛兰西因法西斯掌权十周年大赦，刑期减至十二年四个月。

1933年　3月7日，身体状况恶化。3月20日，阿尔冈杰利教授为葛兰西检查身体后，建议葛兰西提出赦免申请，遭到拒绝。11月19日，离开杜里监狱，暂住奇维塔韦基亚监狱医务室。12月7日，离开奇维塔韦基亚抵达福尔米亚，住库苏马诺医生开办的诊所。同月，重新开始研究并撰写《狱中札记》。

1934年　9月，国外开展了声势浩大的救援葛兰西的运动。10月，葛兰西要求获得有条件的自由，两天后获准。

1936年　6月，葛兰西健康状况再度恶化。8月，前往罗马库伊西珊娜医院医治。

1937年　4月21日，刑期届满，获完全自由。4月25日夜晚突发脑出血。4月27日凌晨与世长辞，火化后葬于罗马英国公墓。

主 要 著 作

1.葛兰西:《狱中书简》,人民出版社,2008 年。

2.葛兰西:《火与玫瑰》,人民出版社,2008 年。

3.葛兰西:《葛兰西文选》,人民出版社,2008 年。

4.葛兰西:《狱中札记》,中国社会科学出版社,2000 年。

5.葛兰西:《实践哲学》,重庆出版社,1990 年。

参 考 书 目

1.朱塞佩·费奥里:《葛兰西传》,人民出版社,1983 年。

2.詹姆斯·约尔:《葛兰西》,桂冠出版社,1992 年。

3.毛韵泽:《葛兰西:政治家、囚徒和理论家》,求实出版社,1987 年。

4.隆巴尔多－拉第斯、卡尔朋:《葛兰西的生平》,世界知识出版社,1957 年。